Sistemas eleitorais

Jairo Nicolau

Sistemas eleitorais

6ª edição

FGV
EDITORA

Direitos desta edição reservados à
EDITORA FGV
Rua Jornalista Orlando Dantas, 37
22231-010 | Rio de Janeiro, RJ | Brasil
Tels.: 0800-021-7777 | 21-3799-4427
Fax: 21-3799-4430
editora@fgv.br | pedidoseditora@fgv.br
www.fgv.br/editora

Impresso no Brasil | Printed in Brazil

Os conceitos emitidos neste livro são de inteira
responsabilidade do autor.

1. ed. (1999); 2. ed. (2000); 3. ed. (2001); 4. ed. (2002); 5. ed. (2004);
6. ed. (2012); 1. reimpr. (2013); 2. reimpr. (2015); 3. reimpr. (2017);
4. reimpr. (2019); 5. reimpr. (2020); 6. reimpr. (2021); 7. reimpr. (2023).

Preparação de originais: Sandra Frank
Projeto gráfico de miolo e capa: Letra e Imagem
Revisão: Fatima Caroni | Frederico Hartje

Ficha catalográfica elaborada pela
Biblioteca Mario Henrique Simonsen

Nicolau, Jairo Marconi
    Sistemas eleitorais / Jairo Nicolau. – 6. ed. – Rio de Janeiro:
Editora FGV, 2012.
    116 p.

    Inclui bibliografia.
    ISBN: 978-85-225-0985-0

    1. Sistema eleitoral. I. Fundação Getulio Vargas. II. Título.

                                                    CDD — 324

Sumário

Apresentação

A primeira edição de *Sistemas eleitorais* foi publicada em 1999. Meu propósito foi fazer uma obra didática que pudesse familiarizar os leitores brasileiros com os diversos sistemas eleitorais em vigor no mundo. A intenção era que o livro pudesse ser lido por estudantes universitários, jornalistas e políticos. Eu acreditava que um livro com esse caráter poderia trazer alguns esclarecimentos ao debate, muitas vezes puramente doutrinário e confuso, sobre a reforma eleitoral, já em voga nos anos 1990. O fato de saber que o livro havia sido adotado em cursos de ciências sociais e direito e em cursos de pós-graduação de escolas de governo e do Legislativo foi um estímulo e tanto para a redação de novas edições.

Em 2004, publiquei uma nova edição de *Sistemas eleitorais*.[1] Em linhas gerais, essa edição manteve a mesma estrutura da primeira: capítulos dedicados a cada uma das grandes famílias de sistemas eleitorais (majoritários, proporcionais e mistos) com um capítulo final, no qual eu discutia brevemente alguns efeitos dos sistemas eleitorais. Mas fiz muitas mudanças. A maioria delas visava explicar melhor alguns aspectos mais técnicos. Também incluí um anexo, no qual explicava como três índices muito utilizados em estudos eleitorais eram calculados.

Quando comecei a revisar o texto para esta atual edição, não imaginava que ela sairia tão diferente. Inicialmente, pretendia fazer algumas correções, devido a alguns países terem mudado seus sistemas eleitorais nestes últimos anos, além de aperfeiçoar

---

[1] Em 2000, 2001 e 2002 foram publicadas, respectivamente, a segunda, a terceira e a quarta edições, sem mudanças no conteúdo. Em 2004 foi lançada a quinta edição, revista e atualizada. (N.E.)

algumas passagens pontuais. Mas ao final percebi que havia feito praticamente um novo livro (minha estimativa é que no máximo uns 20% da versão anterior foram reproduzidos aqui). Ampliei os países, de 55 para 95. As seções internas foram reorganizadas. Acrescentei um glossário que pode ajudar na busca rápida de alguns termos. Mas a principal mudança está no caráter mais didático desta edição. Uso mais exemplos e gasto mais linhas procurando explicar alguns aspectos que, percebi, mereciam uma atenção maior.

Nas duas edições anteriores contei com a leitura atenta e os comentários de diversos colegas: José Giusti Tavares, Paulo Tafner, Charles Pessanha e Vitor Peixoto. Tive o privilégio de poder discutir os originais desta edição com os meus alunos do curso Representação Política e Instituições Eleitorais, oferecido no Instituto de Estudos Sociais e Políticos (Iesp), da Universidade do Estado do Rio de Janeiro (Uerj), no primeiro semestre de 2011. A leitura atenta e as sugestões que eles fizeram foram fundamentais para aperfeiçoar o texto. A todos eles, meu agradecimento especial.

Este livro é dedicado aos meus colegas e aos meus orientandos do antigo Iuperj (atual Iesp-Uerj), instituição na qual me formei e realizei todas as pesquisas para escrever este trabalho.

Introdução

Sistemas eleitorais fazem uma grande diferença para configu-
rar o sistema partidário, para a natureza do governo (coalizão
ou unipartidário), para o tipo de escolha que os eleitores podem
fazer em uma eleição, para como os eleitores podem controlar
seus representantes, para o comportamento dos parlamentares,
para o grau em que o Parlamento seja composto por pessoas
de diversos tipos e origens, para a extensão em que existe de-
mocracia e coesão no interior dos partidos, e, obviamente, para
a qualidade de governo, e, por isso, para a qualidade de vida dos
cidadãos governados.

Gallagher e Mitchell (2005a:4)

Quem tem alguma dúvida sobre a importância dos sistemas eleitorais basta conversar com um político. Ele sabe mais do que ninguém que as regras para computar votos e transformá-los em poder fazem diferença; que cada uma dessas regras cria uma rede de incentivos e desestímulos, tanto para os eleitores quanto para aqueles que se aventuram na disputa de um cargo eletivo.

Vejamos um exemplo. Hoje existem duas regras diferentes para eleição de prefeitos no Brasil. Nas cidades com população inferior a 200 mil eleitores a disputa é decidida em um único turno pelo sistema de maioria simples. Nas cidades com mais de 200 mil eleitores há a possibilidade de disputa de um segundo turno, caso nenhum dos candidatos receba mais de 50% dos votos. As eleições realizadas de acordo com diferentes regras estimulam um comportamento diferenciado dos dirigentes partidários e dos eleitores. No sistema majoritário de um único turno a tendência é que menos candidatos concorram – pois os partidos têm apenas uma disputa para negociar as alianças – e os eleitores adotem com mais frequência o voto útil (deixar de votar no candidato preferido para votar em outro com mais chance de vitória). No sistema de dois turnos, mais candidatos concorrem no primeiro turno – pois há possibilidade de que alianças sejam feitas entre o primeiro e o segundo turnos – e menos eleitores tendem a adotar o voto útil.

Em todas as eleições há regras previamente definidas para distribuir os cargos em disputa. Um partido com determinado percentual de votos terá diferente fração de poder, dependendo do sistema eleitoral. Por exemplo, em uma eleição realizada segundo o método proporcional, um partido que tenha recebido 15% dos votos obterá cerca de 15% de cadeiras no Legislativo. Mas em uma disputa pela regra majoritária dificilmente esse partido elegeria seu representante.

Não é frequente que um eleitor comum conheça as minúcias técnicas do sistema eleitoral adotado em seu país. São poucos os cidadãos brasileiros que sabem o que é e como se calcula o *quociente eleitoral* empregado para definir com quantas cadeiras cada partido ficará nas eleições para o Legislativo. Da mesma forma, dificilmente passaria pela cabeça desse eleitor que em outras democracias o procedimento para a escolha de representantes pode ser completamente diferente daquele adotado em seu país. Certamente ele ficaria surpreso ao saber, por exemplo, que em Israel os eleitores votam em uma lista de candidatos de todo o país; que na Espanha não se vota em nomes, mas apenas na legenda; que na França existem dois turnos nas eleições para deputados; que na Alemanha um partido só poderá estar representado na Câmara dos Deputados (*Bundestag*) se receber pelo menos 5% dos votos; ou que na Suécia uma parte dos votos é apurada nas regiões e a outra nacionalmente.

A importância das eleições não fica circunscrita às disputas regulares para o preenchimento de postos na estrutura do Estado. Nas sociedades modernas, os dirigentes de muitas organizações são escolhidos pelo voto de seus membros. No Brasil, por exemplo, organizações tão diversas como clubes de futebol, condomínios, departamentos universitários, sindicatos, associações de moradores e grêmios estudantis escolhem seus presidentes/ coordenadores pelo voto. Em todos esses casos é fundamental que os eleitores conheçam previamente as regras da disputa, particularmente como será o processo de votação e de contagem dos votos.

O sistema eleitoral é o conjunto de normas que define como o eleitor poderá fazer suas escolhas e como os votos serão contabilizados para ser transformados em mandato. O sistema eleitoral não esgota as normas que regulam as leis eleitorais de uma democracia. Existe uma série de outros aspectos importantes em uma eleição: quais são os eleitores aptos a votar; se o voto é obrigatório ou facultativo; os critérios para apresentação de candidatos; as normas de acesso aos meios de comunicação; os mecanismos de controle dos gastos de campanha e acesso ao fundo partidário; as normas para divulgação de pesquisas; as regras da propaganda eleitoral. Este livro dedica--se exclusivamente à análise dos sistemas eleitorais, deixando de lado a legislação que regula outros aspectos das eleições.

O cientista político norte-americano Douglas Rae foi o primeiro a sugerir que a melhor maneira de analisar um sistema eleitoral era focar na mecânica interna e não nos resultados produzidos. Em *As consequências políticas das leis eleitorais*, Rae (1967) identificou três componentes básicos dos sistemas eleitorais: a magnitude do distrito eleitoral, a estrutura do voto (*ballot structure*) e a fórmula eleitoral. Vejamos brevemente cada um desses componentes.

Em primeiro lugar é importante entender o que é um distrito eleitoral. As divisões territoriais que formam a unidade básica em uma eleição têm nomes próprios em cada país: *constituency* no Reino Unido, *circonscription* na França, *riding* no Canadá, *district* nos Estados Unidos, *wahlkreis* na Alemanha, seção e zona eleitoral no Brasil. Para tornar comparáveis as diversas unidades eleitorais, Rae (1967) propôs o uso do termo "distrito eleitoral", que passou a ser largamente utilizado nos estudos eleitorais. O distrito eleitoral é a unidade territorial onde os votos são contabilizados para efeito de distribuição das cadeiras em disputa. Em alguns países, como o Reino Unido e a Índia, os distritos são delineados exclusivamente para propósitos eleitorais. Em outros, como Portugal e Argentina, os distritos seguem o traçado das unidades subnacionais (províncias, estados, regiões). No Brasil, o estado é o distrito eleitoral – unidade na qual os votos serão contabilizados para distribuição de cadeiras – nas eleições para governador, deputado federal, deputado estadual e senador. O município é o distrito eleitoral na escolha de prefeitos e vereadores. Nas eleições presidenciais, todo o país transforma-se em um grande distrito eleitoral.

A magnitude do distrito (M) refere-se ao número de cadeiras eleitas em cada distrito. Por exemplo, nos EUA cada distrito eleitoral elege um representante (M = 1). O distrito eleitoral de Barcelona, na Espanha, tem M = 31, o que significa que 31 deputados são eleitos em cada circunscrição. Atualmente, o Rio de Janeiro tem 46 representantes na Câmara dos Deputados (M = 46). Como veremos, uma distinção fundamental na comparação entre os sistemas eleitorais deriva do uso de distritos uninominais, que elegem um único representante (M = 1), e os plurinominais, que elegem mais de um representante (M > 1).[2]

A estrutura do voto (*ballot structure*) estabelece como o eleitor pode expressar seu voto. Rae (1967) sugeriu uma distinção entre sistemas de voto categórico (ou nominal) e ordinal. O voto categórico dá a opção de o eleitor votar em um único partido.

---

[2] O termo "uninominal", que aparece na literatura internacional como *single-member district*, me pareceu o mais apropriado para designar os sistemas de M = 1. Os distritos plurinominais (*multi-member district*) são os que elegem mais de um representante.

Ele é usado na maioria dos países e pode assumir diversas configurações: o voto em um único partido/candidato (o voto majoritário-distrital do Canadá), em uma lista de partidos (a lista fechada da Espanha), ou em um nome de determinado partido (a lista aberta do Brasil). O voto ordinal, adotado, por exemplo, na Austrália e na Irlanda, oferece aos eleitores a possibilidade de votar em todos os candidatos, dispondo-os em ordem de preferência. Mais recentemente, os cientistas políticos Michael Gallagher e Paul Mitchell fizeram um reparo à tipologia de Rae e propuseram mais um tipo: voto dual. O voto dual cobre os sistemas em que o eleitor pode votar em mais de um partido, seja no mesmo momento, como na Suíça e na Alemanha, seja em tempos diferenciados, como as eleições em dois turnos que acontecem na França (Gallagher e Mitchell, 2005a:7).

A fórmula eleitoral trata dos procedimentos de contagem de votos para fins de distribuição das cadeiras disputadas. Com base em critérios mais gerais de legitimidade para um candidato ser eleito, Rae (1967) identificou três fórmulas eleitorais: (a) maioria simples (pluralidade); (b) maioria absoluta; e (c) proporcional. O propósito da maioria simples é garantir a eleição do(s) candidato(s) que obtiver(em) mais votos do que todos os concorrentes. Pela fórmula de maioria absoluta, um candidato se elege apenas se obtiver mais de 50% dos votos. O objetivo da fórmula proporcional é assegurar que os partidos estejam representados no Legislativo em proporção aproximada à de seus votos.

Sistemas eleitorais de países que realizam eleições democráticas

A partir das sugestões feitas por Douglas Rae, os estudiosos de sistemas eleitorais propuseram diversas formas de classificar os sistemas eleitorais (ver, por exemplo: Blais e Massicotte, 1997, 2002; Lijphart, 1994; Norris, 2004). Adoto aqui a tipologia proposta pelos cientistas políticos Andrew Reynolds, Ben Reilly e Andrew Ellis (2005).[3] Os autores categorizaram os diferentes sistemas eleitorais, utilizados em âmbito nacional em todo o mundo, em três grandes grupos: os majoritários, os proporcionais e os mistos. No interior de cada grupo uma série de sistemas é encontrada. No grupo dos majoritários: o sistema de maioria simples (conhecido no Brasil como distrital); o sistema de dois turnos; o voto alternativo; o sistema de voto único não transferível – SNTV, acrônimo do inglês *single non-transferable vote* –, conhecido no Brasil como distritão; o voto em bloco. A representação proporcional é encontrada em duas versões: o sistema proporcional de lista; e o voto único transferível – STV, do acrônimo inglês *single transferable vote*. O grupo dos sistemas mistos é composto por dois tipos: o paralelo e o de correção.[4] Ver figura 1, na próxima página.

Cada uma das famílias de sistemas eleitorais é tratada em um capítulo. Os cinco sistemas majoritários são abordados no primeiro. O capítulo seguinte analisa as duas variantes da fórmula proporcional (o STV e o sistema de lista). O terceiro capítulo discute as principais características dos sistemas mistos, que combinam aspectos das fórmulas majoritária e proporcional. O último avalia os efeitos dos sistemas eleitorais em três dimensões do sistema representativo: fragmentação partidária, desproporcionalidade e representação de mulheres.

---

[3] A única diferença é que os autores classificam o SNTV como um sistema particular, preferencialmente como semiproporcional. Prefiro classificar o SNTV como uma variante do sistema majoritário.

[4] Nesta edição faço pequenas alterações nos nomes dos sistemas eleitorais. Adotei os acrônimos em inglês para o sistema de voto único transferível (*single transferable vote*, STV) e para o sistema de voto único não transferível (*single non-transferable vote*, SNTV). O termo "paralelo" me pareceu mais intuitivo para designar uma variável do sistema misto do que o vocábulo "combinação", utilizado na edição anterior.

Figura 1. Famílias de sistemas eleitorais

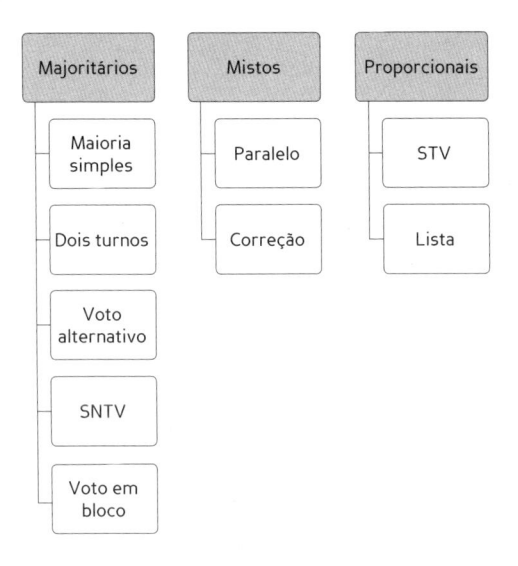

Os autores de trabalhos sobre sistemas eleitorais circunscrevem sua análise a um número específico de países, ou fazem um esforço de comparação global. Este livro analisa os sistemas eleitorais em vigor para a eleição da Câmara dos Deputados[5] nos países que realizaram eleições democráticas recentemente (até o fim de 2010). Minha escolha é baseada no relatório produzido pela organização americana Freedom House,[6] que avalia anualmente o grau de democracia de cada país em uma série de aspectos. Sob diversas dimensões, eles são classificados em três grupos: livres, semilivres e não livres. Os países são diferenciados, ainda, pelo fato de realizarem eleições livres e limpas

---

[5] Uso a expressão "Câmara dos Deputados" para designar a casa legislativa mais importante de uma democracia. Outros autores preferem Primeira Casa ou Câmara Baixa.

[6] Para um ambicioso projeto comparativo baseado na classificação proposta pelo Instituto Freedom House, ver LeDuc, Niemi e Norris (2010).

(Puddington, 2011). Para esses países, o Freedom House adota a designação "democracia eleitoral":

> A presença de certas irregularidades durante o processo eleitoral não desqualifica um país de ser designado uma democracia eleitoral. Um país não pode ser uma democracia eleitoral se uma significativa parcela da autoridade para decisões no âmbito nacional está nas mãos de um poder não eleito, seja ele um monarca, uma autoridade estrangeira ou internacional. Um país é removido da classificação como democracia liberal se sua última eleição não foi suficientemente livre e limpa e se a mudança na legislação erodiu significantemente a oportunidade para a escolha eleitoral [Puddington, 2011:26].

No relatório de 2011, o Freedom House classificou 115 países como democracias eleitorais, ou seja, nações cujas eleições mais recentes foram consideradas limpas e democráticas pela instituição. Entre esses, estão diversos países com população muito reduzida. Neste trabalho resolvi excluir os países com população muito pequena, abaixo de 200 mil habitantes (20 casos). Desse modo, farei referência aos sistemas eleitorais vigentes em 95 países.[7]

O gráfico 1 apresenta um quadro dos sistemas eleitorais em vigor nas 95 democracias eleitorais. O sistema proporcional de lista vigora em 55 países (58% dos casos). O sistema de maioria simples é utilizado em 17 países (18%). As duas variantes de sistema misto aparecem em menos de 10% dos casos: o misto de correção é empregado em sete países (7%), e o paralelo, em seis (6%). Os outros cinco sistemas eleitorais são opções adotadas

---

[7] O corte em 200 mil é arbitrário, mas creio que ele não compromete a análise, pois não pretendo fazer uma comparação sistemática e rigorosa entre os casos, mas simplesmente utilizá-los como ilustração do funcionamento dos sistemas eleitorais.

em um número reduzido de países (10) e, juntos, somam apenas 11% do total de casos, distribuídos da seguinte maneira: dois turnos (três países); STV, voto alternativo e voto em bloco (dois países cada um); e SNTV (um país).

Gráfico 1. Sistemas eleitorais usados nas eleições para a Câmara dos Deputados em 95 países que realizaram eleições democráticas (2010)

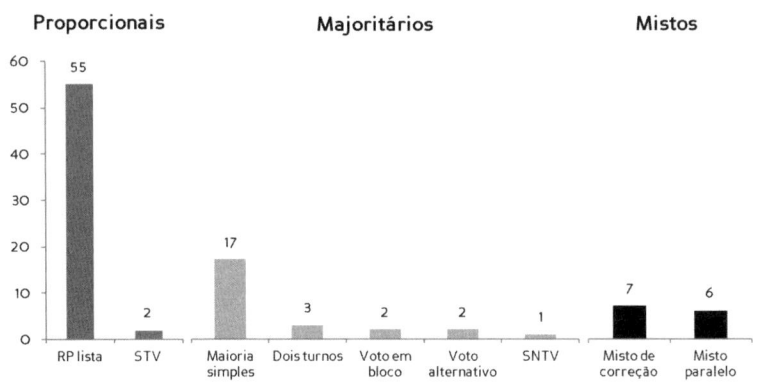

Fonte: Dados compilados em: <www.idea.int>, <http://aceproject.org>, <www.freedomhouse.org/template.cfm?page=594>. Acesso em: set. 2011.

O quadro 1 apresenta uma lista completa dos países e seus respectivos sistemas eleitorais. Os países estão organizados por região. A apresentação dos dados dessa maneira permite observar como os sistemas eleitorais se distribuem espacialmente pelo planeta. O proporcional de lista é o sistema por excelência da Europa ocidental e do leste. Na primeira, ele é adotado por 15 dos 20 países (75%); na segunda, por 15 dos 18 países (83%). A representação proporcional de lista é dominante nas Américas, onde é adotada em 15 dos 24 países (63%) – sete países da região, todos eles ex-colônias da Inglaterra, usam o sistema de maioria simples. Nas outras regiões do mundo (África, Ásia e Oceania), a variedade de sistemas eleitorais empregados é maior. O SNTV, o voto em bloco e o voto alternativo são usados exclusivamente nessas regiões.

Quadro 1. Sistemas eleitorais dos 95 países que realizaram eleições democráticas, por região (2010)

Região	País	RP lista	Maioria simples	Misto de correção	Misto paralelo	Dois turnos	STV	Voto em bloco	Voto alternativo	SNTV
	Alemanha			x						
	Áustria	x								
	Bélgica	x								
	Chipre	x								
	Dinamarca	x								
	Espanha	x								
	Finlândia	x								
	França					x				
	Grécia	x								
Europa ocidental	Holanda	x								
	Islândia	x								
	Irlanda						x			
	Itália	x								
	Luxemburgo	x								
	Malta						x			
	Noruega	x								
	Portugal	x								
	Reino Unido		x							
	Suécia	x								
	Suíça	x								
	Albânia			x						
	Bósnia-Herzegovina	x								
	Bulgária	x								
	Croácia	x								
	Eslováquia	x								
	Eslovênia	x								
	Estônia	x								
	Hungria			x						
Europa do Leste	Letônia	x				x				
	Lituânia					x				
	Macedônia	x								
	Moldávia	x								
	Montenegro	x								
	Polônia	x								
	República Tcheca	x								
	Romênia	x								
	Sérvia	x								
	Ucrânia	x								

▼

Região	País	RP lista	Maioria simples	Misto de correção	Misto paralelo	Dois turnos	STV	Voto em bloco	Voto alternativo	SNTV
Américas	Argentina	x								
	Bahamas		x							
	Barbados		x							
	Belize		x							
	Bolívia			x						
	Brasil	x								
	Canadá		x							
	Chile	x								
	Colômbia	x								
	Costa Rica	x								
	El Salvador	x								
	Equador	x								
	Estados Unidos		x							
	Guatemala	x								
	Guiana	x								
	Jamaica		x							
	México				x					
	Nicarágua	x								
	Panamá	x								
	Paraguai	x								
	Peru	x								
	República Dominicana	x								
	Suriname	x								
	Trinidad e Tobago		x							
	Uruguai	x								
África	África do Sul	x								
	Benin	x								
	Botsuana		x							
	Cabo Verde	x								
	Comores					x				
	Gana		x							
	Ilhas Maurício							x		
	Lesoto			x						
	Libéria		x							
	Malaui		x							
	Mali					x				
	Namíbia	x								
	Senegal				x					
	Serra Leoa	x								
	Tanzânia		x							
	Zâmbia		x							

Região	País	RP lista	Maioria simples	Misto de correção	Misto paralelo	Dois turnos	STV	Voto em bloco	Voto alternativo	SNTV
	Austrália								x	
	Bangladesh		x							
	Coreia do Sul				x					
	Filipinas				x					
	Índia		x							
	Indonésia	x								
Ásia,	Israel	x								
Pacífico	Japão				x					
e Oriente	Maldivas		x							
Médio	Marrocos	x								
	Mongólia							x		
	Nova Zelândia			x						
	Papua-Nova Guiné								x	
	Taiwan					x				
	Turquia	x								
	Vanuatu									x

Fonte: Dados compilados em: <www.idea.int>, <http://aceproject.org>, <www.freedomhou se.org/template.cfm?page=594>. Acesso em: set. 2011.

Apesar de o livro ter como objetivo fazer um panorama dos diversos sistemas eleitorais em vigor nos países democráticos (ou, para ser preciso, que realizaram eleições democráticas recentemente), darei uma atenção especial ao caso do Brasil. Em diversas partes abrirei um espaço mais detalhado para descrever o funcionamento dos sistemas eleitorais em vigor no país.

Sistemas majoritários

Quando falamos de exatidão e sinceridade da representação, precisamos especificar o que temos em mente. Qual é o sistema eleitoral mais exato e sincero? O sistema que permite a um inglês escolher o primeiro-ministro e que dá a este a possibilidade de governar a nação por cinco anos? Ou o sistema que impede que os italianos, os belgas e os holandeses escolham seu governo e delega aos notáveis dos partidos a tarefa de formar um gabinete, condenado à impotência e sujeito a diversas mudanças ao longo das legislaturas?

Duverger (1984:33)

Os sistemas eleitorais majoritários têm como propósito assegurar que os candidatos que receberam mais votos sejam eleitos. Com poucas exceções, os países que utilizam atualmente alguma variante da família majoritária recortam o território em circunscrições que elegem um único representante (M = 1) para a Câmara dos Deputados. Esse não era o padrão das eleições parlamentares realizadas nos séculos XVIII e XIX. Naquele período, os distritos plurinominais (M > 1) eram empregados em larga escala na Europa e na América Latina. Neste capítulo apresento os cinco sistemas eleitorais majoritários atualmente em vigor na eleição de representantes para a Câmara dos Deputados nos países democráticos. Os principais deles operam em distritos com M = 1: o modelo de maioria simples (distrital), o sistema de dois turnos e o voto alternativo. Dois deles operam em distritos plurinominais: o SNTV e o voto em bloco.

Sistema de maioria simples
em distrito uninominal (voto distrital)

O sistema eleitoral de maioria simples pode ser explicado em uma única frase: em uma eleição é eleito o candidato que receber mais votos do que seus concorrentes. Ele é conhecido entre os estudiosos fora do Brasil por uma série de nomes: *first past the post* (FPTP), *single member plurality* (SMP) e *plurality*. O termo "pluralidade" existe em português – segundo o dicionário *Aurélio*, "o maior número" –, mas raramente é aplicado. No meio político brasileiro o sistema de maioria simples é conhecido como voto distrital. Essa designação não ajuda, já que, na perspectiva da ciência política, todos os sistemas eleitorais são distritais, pois os distritos são a unidade básica de uma eleição.

O sistema de maioria simples é adotado em 17 países democráticos do mundo, entre eles Reino Unido, EUA, Canadá, Índia e Bangladesh (para a lista completa, ver quadro 1). Em todos esses países o funcionamento do sistema eleitoral é semelhante. O território nacional é recortado em tantas circunscrições (distritos eleitorais) quantas forem as cadeiras da Câmara dos Deputados. Em cada distrito um partido pode apresentar um candidato. O candidato que obtiver mais votos no distrito será eleito.

O delineamento dos distritos é um tema de grande importância nos países em que vigora o voto majoritário. Um primeiro desafio é garantir que não haja grande discrepância populacional entre eles. Ainda que a legislação dos países preveja que os distritos sejam periodicamente revistos para se adequar às mudanças demográficas, a garantia de equilíbrio entre as unidades tem sido extremamente difícil. No Reino Unido, por exemplo, as revisões são feitas entre oito e 12 anos, mas demoram muitos anos para ser concluídas; as fronteiras de 2005, por exemplo, basearam-se nos registros eleitorais de 2001. Nas eleições de 2010, a discrepância podia ser encontrada em áreas próximas na cidade de Londres: o distrito de East Ham tinha 90.674 eleitores, enquanto o de Layon e Wanstead tinha 63.540 (Renwick, 2011a:47-48).

Um segundo desafio é como recortar os distritos pelo território sem favorecer ou prejudicar explicitamente determinados partidos. Esse é um tema que tem gerado intenso debate nos EUA, onde a definição da fronteira dos distritos é feita a cada 10 anos, após o recenseamento populacional. Inicialmente, o número de representantes de cada estado na Câmara dos Deputados é definido proporcionalmente à população destes. A seguir, cabe às assembleias legislativas definir o traçado dos distritos no interior do estado. O fato de o desenho dos distritos ser promovido por um órgão político, controlado por um dos dois grandes partidos norte-americanos, tem favorecido manipulações ocasionais das fronteiras em prol do partido dominante. Essa prática é conhecida como *gerrymandering*, em alusão a Eldridge Gerry (1744-1814), governador de Massachusetts que, em 1812, aprovou uma lei que redesenhava os distritos do estado de modo a favorecer seu partido (Republicano). Um dos distritos foi recortado de maneira bizarra e se assemelhava a uma salamandra (*salamander*). A nova expressão nasceu da junção das duas palavras (*gerry* + *mander*).

Para ilustrar o funcionamento do sistema majoritário vale a pena observar o caso do Reino Unido, país cujo sistema representativo tem origens medievais. Desde o surgimento do Parlamento, em 1265, os representantes são eleitos pelo voto direto. Originalmente, a eleição era feita por aclamação ou com os eleitores levantando as mãos. O princípio majoritário foi estabelecido por um estatuto de 1430, que fez referência "ao maior número" de eleitores. Desde então, a regra de maioria simples passou a ser usada nas eleições britânicas. Inicialmente, as eleições eram realizadas em distritos plurinominais, predominantemente de dois representantes, mas ao longo do século XIX o distrito uninominal passou a ser padrão – em 1885, mais de 90% dos distritos já eram uninominais (Colomer, 2004).

A Câmara dos Deputados (House of Commons) do Reino Unido é composta de 659 representantes, cada um deles eleito em um distrito uninominal. Existem quatro comissões (Inglaterra, Irlanda do Norte, Escócia e País de Gales) responsáveis por estabelecer as fronteiras dos distritos. Pelas regras da comissão da Inglaterra um distrito deve ter 76.441 eleitores, podendo esse número variar em apenas 5%, ou seja, pode ter no mínimo 72.810 eleitores e no máximo 80.473 eleitores.[8] Um partido pode apresentar um candidato por distrito. Os eleitores recebem uma cédula de papel, com o nome dos candidatos que estão concorrendo em seu distrito (ver figura 2). O ato de votar se resume em marcar um X ao lado do nome do candidato preferido. O candidato que recebe mais votos no distrito está eleito.

Figura 2. Cédula do Reino Unido

	VOTE FOR ONE CANDIDATE ONLY	
1	**GRIFFIN** Theresa Griffin of 16 Dovedale Road, Liverpool L18 1DW Labour Party	
2	**MORRIS** Richard James Morris of 46 Croxteth Road, Liverpool L8 3SQ Liverpool Green Party	
3	**MUIES** Gabriel Muies of 26 Loudon Grove, Liverpool L8 8AT Independent	
4	**PRIDDIE** Hulbert Llewelyn Priddie of 10 Lesseps Road, Liverpool L8 0RD Liberal Democrat	
5	**ZSIGMOND** Carol Ann Zsigmond of 43 Rodney Street, Liverpool L1 9EW Conservative Party Candidate	

[8] Ver <http://boundarycommissionforengland.independent.gov.uk/>. Acesso em: 25 out. 2011.

A tabela 1 apresenta o resultado das eleições de 2010 em um dos distritos da Inglaterra (Oxford West, Abingdon), em que concorreram seis candidatos. O candidato do Partido Conservador (Blackwood) foi eleito com 42,3% dos votos, apenas 0,3 ponto percentual a mais que o candidato do Partido Liberal. O caso exemplifica duas características do sistema de maioria simples: a eleição do mais votado, não importando qual tenha sido a votação de seu concorrente, e a não exigência de apoio de mais de 50% de votos dos eleitores do distrito. Nessas mesmas eleições, em 66% dos distritos um candidato foi eleito com menos de 50% dos votos.

Tabela 1. Eleições para a Câmara dos Comuns do Reino Unido. Distrito de Oxford West/Abingdon (2010)

Candidato	Partido	Votos	% de votos
N. Blackwood	Conservador	23.906	42,3
E. Harris	Liberal Democrata	23.730	42,0
R. Stevens	Trabalhista	5.999	10,6
P. J. Williams	Independência do Reino Unido	1.518	2,7
C. Goodall	Verde	1.184	2,1
K. Mann	Proteção dos Animais	143	0,3

Fonte: <www.electoralcommission.org.uk/elections/results/general_elections/uk-general--election-2010/oxford-west-and-abingdon?>. Acesso em: 25 out. 2011.

Um aspecto importante nos países que adotam o sistema majoritário é a distribuição da votação dos partidos pelo território. A título de exemplo, imagine dois partidos (A e B), que tenham obtido a mesma votação nacional, digamos de 10%. O partido A obtém votação concentrada em alguns distritos e é vitorioso em alguns deles. O partido B recebe votação dispersa e homogênea pelo território. O partido A provavelmente será mais bem-sucedido, pois no sistema de maioria simples o que importa é ganhar a eleição no distrito; chegar a outras posições não tem nenhuma relevância. Observe que nas eleições do distrito de Oxford/Abingdon (tabela 1) os votos de 57,7% dos eleitores (aqueles que não votaram no partido vitorioso – Conservador) foram desperdiçados.

No Reino Unido, o Partido Liberal Democrático tem sido o principal prejudicado por causa de seu padrão de votação dispersa. Nas eleições de 2010, os liberais obtiveram 23% dos votos nacionais, mas elegeram apenas 8% das cadeiras, diferença de 15 pontos percentuais. A sub-representação dos liberais implica a sobrerrepresentação de um ou mais partidos. Os dois maiores partidos britânicos (Trabalhista e Conservador) têm sido os beneficiados, embora nem sempre simultaneamente. Nas eleições de 2010, os conservadores obtiveram 36% de votos e ficaram com 47% das cadeiras (11 pontos a mais), ao passo que os trabalhistas receberam 29% dos votos e 40% das cadeiras (11 pontos a mais). A comparação do desempenho dos trabalhistas e liberais em 2010 revela como as distorções foram acentuadas: os primeiros obtiveram seis pontos percentuais a mais de votos (29% - 23%), mas ficaram com 32 pontos percentuais a mais de cadeiras (40% - 8%).

Em nenhuma das 18 eleições realizadas no Reino Unido entre 1945 e 2010 um partido obteve maioria dos votos. Mas em 16 delas um partido obteve a maioria das cadeiras. As exceções foram as eleições de 1974 e de 2010. Nas eleições de fevereiro de 1974, os dois partidos obtiveram votações próximas: 37,9% (Conservador) e 37,2% (Trabalhista), mas nenhum dos dois obteve mais de 50% das cadeiras; nas eleições de 2010, o partido mais votado, o Conservador, obteve 36,1% dos votos e 47,2% das cadeiras.

O cientista político Douglas Rae chamou de *maioria manufaturada* as eleições nas quais um partido obtém maioria de cadeiras sem receber maioria absoluta de votos. As maiorias naturais (quando um partido obtém mais de 50% dos votos e das cadeiras) são também incomuns no Canadá e eram na

Nova Zelândia, país que adotou o sistema de maioria simples até 1992.

O padrão de votação em sistemas majoritários também pode gerar uma grave distorção na representação dos partidos: o segundo lugar em votos conseguir a maioria das cadeiras. Desde 1945, isso aconteceu duas vezes no Reino Unido. Na primeira, em 1951, o Partido Conservador obteve 48% dos votos e 51,4% das cadeiras, enquanto o Partido Trabalhista, com 48,8% dos votos, ficou com 47,2% das cadeiras. A segunda ocorreu em 1974, quando a situação se inverteu e o Partido Conservador passou a ser prejudicado: com 37,9% dos votos ele obteve 46,8% das cadeiras, enquanto o Partido Trabalhista recebeu 37,2% dos votos e 47,4% das cadeiras.

As principais críticas feitas aos sistemas majoritários estão associadas às desproporcionalidades produzidas em âmbito nacional. Como vimos no caso do Reino Unido, é frequente a sobrerrepresentação dos grandes partidos, a sub-representação dos pequenos, a produção de maiorias manufaturadas e, eventualmente, que o partido mais votado nas urnas não fique com a maior bancada. Tais distorções não são vistas como tão graves pelos defensores dos sistemas majoritários. Para eles, mais do que garantir uma representação precisa dos partidos, a função das eleições é produzir governabilidade. Ou seja, um sistema representativo deve sacrificar a representatividade partidária para garantir a geração de governos unipartidários.

A defesa de governos unipartidários estaria associada a um maior controle do eleitor sobre a natureza do governo a ser formado nos países parlamentaristas. Em países como o Reino Unido, em que é frequente um partido governar sozinho, quando um eleitor escolhe um partido sabe que o governo será exclusivamente do partido vencedor. Para esse eleitor é mais fácil acompanhar as políticas implementadas, avaliar se o programa de campanha está sendo cumprido e punir e/ou recompensar o governo com seu voto na próxima eleição. Já nos países em que os governos de coalizão são mais frequentes, o eleitor tem menos controle das negociações pós-eleitorais para a formação do gabinete. Nos governos de coalizão é muito mais difícil responsabilizar um único partido pelo sucesso (ou fracasso) das políticas implementadas (Powell, 2000, 2004).

Outro argumento em defesa dos sistemas majoritários está menos associado à fórmula majoritária e mais ao tipo de circunscrição eleitoral utilizado. A eleição de um único nome por distrito eleitoral permite que os eleitores tenham mais facilidade para identificar seu representante no Legislativo, acompanhar seu mandato e entrar em contato com ele. Em última instância, distritos uninominais garantiriam maior proximidade entre representado e representante.

O sistema de dois turnos

A principal característica de uma eleição em dois turnos é que ela acontece em dois momentos no tempo. O primeiro turno é semelhante a uma disputa em um sistema de maioria simples em um distrito uninominal, em que cada partido apresenta um candidato. A diferença fundamental é que é exigido um percentual mínimo de votos (em geral 50%) para que um candidato seja eleito. Caso isso não ocorra, um segundo turno é realizado entre os dois candidatos mais votados no primeiro turno – em alguns países, mais de dois candidatos podem concorrer no segundo turno.

No exemplo sobre as eleições no distrito de Oxford/Abingdon vimos que o candidato eleito (Blackwood) obteve menos do que 50% dos votos (ver tabela 1). Caso um sistema de dois turnos estivesse em vigor no Reino Unido, uma nova eleição seria disputada entre os dois nomes mais votados (Blackwood, do Partido Conservador, e Harris, do Partido Liberal Democrata). Um dos dois seria eleito com mais de 50% dos votos do distrito.

A França se tornou a principal referência do sistema de dois turnos. Os turnos sucessivos (inicialmente três) foram empregados nas eleições para os membros do Terceiro Estado na Assembleia Geral de 1789 e, depois, nas eleições para a Câmara dos Deputados. Na primeira metade do século XIX os deputados franceses eram eleitos em três turnos, mas a partir de 1848 o modelo de dois turnos (*ballotage*) passou a predominar. A primeira eleição presidencial em dois turnos (1848) foi também realizada na França (Colomer, 2004:196). Além da França, o sistema de dois turnos é usado nas eleições para a Câmara dos Deputados de mais dois países: Mali e Comores, ambos ex-colônias francesas na África.

A Câmara dos Deputados (*Assemblée Nationale*) é composta por 577 representantes, cada um deles eleito em um distrito uninominal. Um partido pode apresentar um candidato por distrito. Se um candidato obtiver mais de 50% dos votos dos eleitores que comparecerem, ele estará eleito. Caso isso não aconteça, uma nova eleição será realizada uma semana depois. Da nova eleição podem participar todos os candidatos que obtiveram votos de mais de 12,5% dos eleitores inscritos (cerca de 20% dos votos dos que compareceram). Quando apenas dois candidatos concorrem no segundo turno, é garantido que um deles terá mais de 50% dos votos do distrito, mas, quando mais de dois candidatos disputam, um candidato pode vencer com menos de 50% dos votos. Mas têm sido raros os casos em que mais de dois candidatos concorrem no segundo turno.

A tabela 2 apresenta o resultado das eleições (2007) para a Câmara dos Deputados francesa, no distrito de Colombes Nord, na região de Ile-de-France. No primeiro turno, nenhum dos candidatos obteve mais de 50% dos votos. Os dois mais votados foram os candidatos Véronique Vignon, do UMP (28,4%), e Roland Muzeau, do PCF (26,8%). No segundo turno, o candidato comunista foi eleito com 63,5% dos votos. Esse crescimento está provavelmente associado à transferência de votos do candidato do Partido

Socialista, que obteve 24% de votos no primeiro turno. Observe que pela regra francesa o candidato socialista poderia ter disputado o segundo turno, mas nesse caso haveria o risco de divisão de votos da esquerda, com a vitória do candidato da direita (UMP).

Tabela 2. Eleições para a Câmara dos Deputados da França. Distrito de Colombes Nord (2010)

Candidato	Partido	1º turno		2º turno	
		Nº de votos	%	Nº de votos	%
Véronique Vignon	União por um Movimento Popular (UMP)	8.405	28,4	10.249	36,5
Roland Muzeau	Comunista (PCF)	7.914	26,8	17.861	63,5
Philippe Sarre	Socialista (PS)	7.092	24,0		
Leïla Leghmara	Movimento Democrático	2.046	6,9		
Marie-Cécile Rabier	Frente Nacional	1.192	4,0		
Jean Marc Denjean	Verde	677	2,3		
12 outros		2.260	7,6		
Total		29.586	100	28.110	100

Fonte: <http://psephos.adam-carr.net/countries/f/france/2007/ile-de-france.txt>. Acesso em: 25 out. 2011.

O cientista político francês Maurice Duverger (1987) sustentou que o sistema de dois turnos seria mais favorável para os pequenos partidos do que o sistema majoritário. A razão é que no sistema de dois turnos os eleitores tenderiam a fazer sua escolha sincera (para o candidato preferido) no primeiro turno, deixando o uso eventual do voto útil para o segundo turno. Mas a observação dos resultados das eleições francesas mostra que os pequenos partidos não têm sido muito bem-sucedidos. Nas eleições de 2007, por exemplo, os dois principais partidos, o PS e a UMP, obtiveram 86,5% das cadeiras, contra 13,5% de outros 10 partidos. À maneira do sistema de maioria simples, os pequenos partidos necessitam ter expressiva votação em determinados distritos para garantir que seus representantes sejam eleitos. Para seus defensores, o sistema de dois turnos tem duas virtudes. A primeira é a garantia de que o representante do distrito será eleito com maioria absoluta de apoio dos eleitores; como vimos, essa garantia ocorre quando dois candidatos disputam o segundo turno. Ser eleito com votação expressiva dá maior legitimidade ao representante. A segunda virtude é a tendência a favorecer os candidatos mais moderados, em detrimento dos candidatos de partidos de posições políticas mais extremadas. Candidatos extremistas podem vencer ocasionalmente uma eleição em um sistema de maioria simples, mas dificilmente conseguem os apoios necessários dos mais moderados para garantir mais da metade dos votos. Na França, por exemplo, tanto a extrema direita (Frente Nacional) quanto o Partido Comunista sempre receberam, proporcionalmente, menos cadeiras do que seus votos.

O voto alternativo

Um terceiro sistema eleitoral praticado em distritos uninominais é o voto alternativo. O objetivo do voto alternativo é garantir que um candidato obtenha apoio de mais de 50% dos eleitores do distrito. Mas, em vez de usar um sistema de dois turnos, a maioria absoluta é garantida por meio de um complexo sistema de transferência de votos. O voto alternativo ocorre apenas em dois países: Austrália e Papua-Nova Guiné. Um referendo realizado em maio de 2011 propôs a adoção do voto alternativo no Reino Unido. A proposta defendida pelos partidos Liberal e Trabalhista foi derrotada e obteve o apoio de 32% dos eleitores britânicos.[9]

---

[9] Ver <http://ukreferendumresults.aboutmyvote.co.uk/en/default.aspx>. Acesso em: 25 out. 2011.

A Câmara dos Deputados da Austrália é composta por 150 representantes, cada um deles eleito em um distrito uninominal. Nas eleições, cada partido pode apresentar um candidato por distrito. O eleitor, em vez de votar em um nome, como fazem os eleitores da França e do Reino Unido, é convidado a ordenar suas preferências. Isso significa pôr um número ao lado de cada nome: o número 1 ao lado do candidato preferido, o 2 ao lado da segunda opção, e assim sucessivamente. O eleitor é convidado a ordenar todos os candidatos, caso contrário seu voto é tido como nulo. A figura 3 reproduz uma cédula empregada na Austrália.

Figura 3. Cédula da Austrália

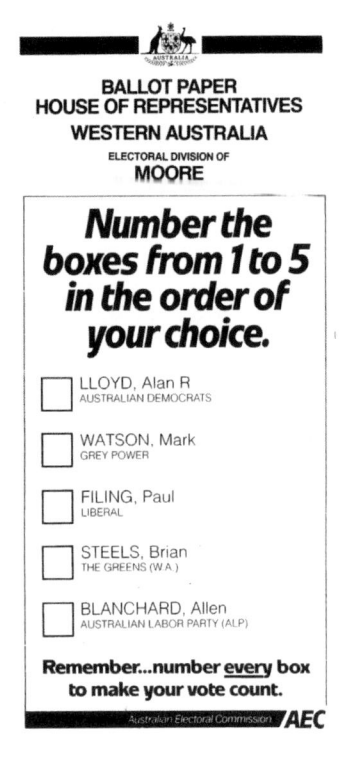

Caso um candidato obtenha mais de 50% de votos em primeira preferência no distrito, ele estará eleito. Se isso não ocorrer, terá início um trabalhoso processo de apuração de votos, que consiste em ir eliminando da disputa, sucessivamente, o candidato menos votado, com transferência de seus votos para outros, até que um deles receba mais da metade dos votos. A tabela 3 apresenta o resultado da votação do distrito de Hinkler, na região de Queensland, em 1998. O número de votos válidos foi de 72.356. Para ser eleito no primeiro turno um candidato necessitava obter mais da metade (36.179 votos). Nenhum deles obteve. O mais votado foi o candidato Dorron, do Partido Trabalhista, com 29.021. O processo de apuração começa com a eliminação do candidato menos votado, Cindy Rolls, e a transferência de seus 309 votos para os outros concorrentes. A transferência é feita manualmente: o apurador examina a pilha de votos do eliminado e verifica que candidato representa a segunda preferência do eleitor, repassando o voto a esse candidato. No caso da candidata Cindy Rolls, seus votos foram majoritariamente para Lance Hall, que recebeu 116 cédulas em sua pilha, mas todos os outros nomes receberam cédulas transferidas (ver coluna transferência 1). Nenhum dos candidatos obteve maioria absoluta dos votos, razão pela qual mais um candidato (Ray Pearce, do Partido Verde) precisou ser eliminado, e seus 1.187 votos foram transferidos (ver coluna transferência 2). Observe que na segunda transferência estão contados os 1.139 votos iniciais do candidato, mais os 48 votos que o candidato Pearce recebeu da primeira transferência. Como proceder com essas cédulas? Os apuradores observam quais são as próximas preferências assinaladas desses eleitores e a cédula vai para aquela pilha. O processo continua com a eliminação de mais dois candidatos (Lance Hall e Marcos Ringuet). Após a eliminação de quatro candidatos, Paul Neville conseguiu mais da metade (50,3%) dos votos e foi eleito. A maioria dos votos do último eliminado, Ringet, do partido de extrema direita Nação Única de Hanson, foi para Neville, do Partido Nacional, de direita.

Tabela 3. Resultado de uma eleição para a Câmara dos Deputados, com o sistema de voto alternativo.
Distrito de Hinkler/Queensland (1998)

Candidato	Votos	Transferência 1	Resultado 1	Transferência 2	Resultado 2	Transferência 3	Resultado 3	Transferência 4	Resultado 4	
Paul Neville (Partido Nacional)	26.471	+45	26.516	+223	26.739	+807	27.546	+8.877	36.423	Eleito
Cheryl Dorron (Partido Trabalhista)	29.021	+39	29.060	+353	29.413	+987	30.400	+5.533	35.933	
Ray Pearce (Partido Verde)	1.139	+48	1.187	Elimin.						
Marcus Ringuet (Nação Única de Hanson)	13.739	+61	13.800	+169	13.969	+441	14.410	Elimin.		
Lance Hall (Partido Democrata Australiano)	1.677	+116	1.793	+442	2.235	Elimin.				
Cindy Rolls (Conselho Eleitoral dos Cidadãos)	309	Elimin.								

Fonte: Farrel (2001:58).

Repare que o candidato eleito (Neville) obteve o segundo lugar nas primeiras preferências; ou seja, caso as eleições fossem realizadas em um sistema majoritário, como o do Reino Unido, ele perderia. Sua eleição foi garantida por meio do processo de transferência, particularmente dos votos recebidos após a eliminação do quarto candidato (Marcus Ringuet). O exemplo mostra uma característica do voto alternativo: além de receber uma taxa de votos em primeiras preferências, o candidato necessita ser ordenado em uma boa posição pelos outros eleitores. Candidatos preferidos por um pequeno segmento do eleitorado, mas com alta rejeição em outros segmentos, têm enorme dificuldade de se eleger.

O principal argumento em defesa do voto alternativo é que ele garante que o representante terá amplo apoio dos eleitores do distrito. Mas, à maneira dos sistemas de maioria simples e de dois turnos, o voto alternativo pode produzir graves distorções quando se comparam os votos e as cadeiras dos partidos em âmbito nacional. Na Austrália, os dois maiores partidos (Trabalhista e Liberal) têm sido frequentemente sobrerrepresentados, em detrimento dos pequenos partidos. Nas eleições de 2010, por exemplo, o Partido Trabalhista obteve 43,6% dos votos e 48,6% das cadeiras, o Partido Liberal recebeu 38% dos votos e 48% das cadeiras, enquanto o Partido Verde, com 11,8% dos votos, elegeu apenas um deputado (0,7% do total). Outra distorção que tem ocorrido com frequência na Austrália é o partido com mais votos não obter a maioria das cadeiras. Em nove das 25 eleições realizadas entre 1949 e 2010, o Partido Liberal obteve a maioria das cadeiras, mesmo chegando em segundo lugar nas urnas.

Sistemas majoritários em distritos plurinominais: o SNTV e o voto em bloco

Os três sistemas eleitorais vistos anteriormente funcionam em distritos uninominais. Mas existe uma série de possibilidades de usar a fórmula majoritária em distritos plurinominais. Duas delas, o SNTV e o voto em bloco, estão em vigor atualmente em países democráticos com reduzida população. O SNTV é utilizado em Vanuatu, uma pequena ilha do Pacífico, de 200 mil habitantes. O voto em bloco é empregado na Mongólia (2,7 milhões de habitantes) e em Maurício, ilha da costa africana com 1,2 milhão de moradores. O SNTV vigorou no Japão entre 1947 e 1993, quando foi substituído por um sistema misto.

O SNTV (do inglês *single non-transferable vote*) é conhecido no meio político brasileiro pelo nome de "distritão". Seu funcionamento é simples e de fácil entendimento pelos eleitores. Em cada distrito, os partidos podem apresentar tantos candidatos quantas forem as cadeiras em disputa. O eleitor pode apenas votar em um dos nomes. Na apuração final, os nomes com mais votos são eleitos. Imagine, por exemplo, um distrito com 10 representantes e oito partidos participando da eleição. Se cada partido apresentasse o número máximo de candidatos, teríamos 80 concorrentes. O eleitor vota em apenas um nome. Os 10 candidatos que receberam individualmente mais votos se elegem.

Como os votos dos candidatos de um mesmo partido não são somados, o desempenho final dos partidos no SNTV está associado ao número de candidatos apresentados e da dispersão de votos destes. Um partido pode apresentar muitos candidatos e correr o risco de não eleger nenhum, caso a dispersão de votos entre eles seja muito grande. Por outro lado, a alta votação em um único candidato também não é interessante, pois ele não tem como transferir esses votos para seus colegas de partido.

O principal argumento em defesa do SNTV é o fato de ele aumentar as chances de representação dos menores partidos. Comparativamente aos sistemas majoritários, as oportunidades dos pequenos partidos são mesmo muito maiores. Por exemplo, em um distrito com cinco representantes, um candidato com 20% dos votos provavelmente será eleito, o que dificilmente ocorrerá em um distrito de um representante. No Japão, os pequenos partidos conseguiam um número expressivo de cadeiras na Câmara dos Deputados. Na última eleição da vigência do SNTV (1993), nove partidos obtiveram representação (Renwick, 2011b:190). Além das dificuldades de coordenação das candidaturas durante as eleições, o uso do SNTV no Japão foi muito criticado. Segundo os estudiosos, ele estimulou uma intensa rivalidade entre os candidatos durante as campanhas, reforçou a montagem de redes clientelistas e de políticas particularistas por parte do partido dominante no período (LDP). Outros estudiosos foram mais longe e associaram ao SNTV a corrupção generalizada que tomou conta do país nos anos 1980 e 1990 (Reed, 2005; Sakamoto, 1999).

A diferença fundamental entre o SNTV e o voto em bloco é que neste último, em vez de votar em um único candidato, o eleitor pode votar em tantos candidatos quantas forem as cadeiras em disputa. No exemplo apresentado anteriormente, o eleitor poderia votar em até 10 nomes. O processo de contagem dos votos é o mesmo: os candidatos individualmente mais votados são eleitos. O voto em bloco foi empregado em muitos países europeus e da América Latina durante o século XIX e precedeu a versão mais conhecida atualmente de sistema majoritário em distrito uninominal (Colomer, 2007).

Ainda que o voto em bloco estimule a competição entre os candidatos, ele dá aos partidos mais capacidade de coordenação nas campanhas, pois os eleitores podem votar em nomes da mesma legenda. Em distritos nos quais um partido é muito forte, este pode ficar com todas as cadeiras. Nas Ilhas Maurício, por exemplo, é frequente que apenas um partido obtenha todas as cadeiras do distrito, como ocorreu nas eleições de 2010, em que um único partido obteve a totalidade das cadeiras (três) em 14 dos 20 distritos eleitorais.[10]

---

[10] Ver <http://psephos.adam-carr.net/countries/m/mauritius/mauritius2010.txt>. Acesso em: 25 out. 2011.

Como os presidentes são eleitos

O chefe de governo de um país pode ser eleito de diversas maneiras: indiretamente pelos membros do Legislativo ou de um colégio eleitoral, diretamente pelo voto popular, ou mesmo por uma combinação de ambos. Nos países que adotam o presidencialismo ou o semipresidencialismo, o chefe de governo (presidente) é, geralmente, escolhido pelo voto direto. Nesses casos, qualquer um dos sistemas eleitorais adotados em distritos uninominais (majoritário, dois turnos ou voto alternativo) pode também ser utilizado na escolha do presidente. Entre os 95 países analisados neste trabalho, 52 elegem o presidente pelo voto popular.

O sistema de maioria simples, em que basta a um candidato obter mais votos do que o segundo colocado para ser eleito, foi até os anos 1980 o mais empregado nos países presidencialistas. Atualmente, é empregado apenas em 12 países: Bósnia-Herzegovina, Coreia do Sul, Comores, Guiana, Filipinas, Islândia, Malaui, México, Panamá, Paraguai, Zâmbia e Taiwan.

No Brasil, o sistema de maioria simples foi usado nas eleições para cargos executivos: presidente, governadores e prefeitos, entre 1945 e 1965; prefeitos, entre 1966 e 1988; governadores, em 1982 e 1986. Os presidentes eleitos pelo sistema majoritário obtiveram as seguintes votações (percentual dos votos válidos): Eurico Gaspar Dutra (55%), Getúlio Vargas (49%), Juscelino Kubitschek (36%) e Jânio Quadros (48%). A Constituição de 1988 definiu que apenas as cidades com menos de 200 mil eleitores continuariam a eleger os prefeitos pelo sistema majoritário.

A principal crítica feita ao uso do sistema majoritário nas eleições presidenciais é a possibilidade de um candidato ser eleito com um percentual reduzido de votos. Nas eleições presidenciais da Venezuela (1993), por exemplo, Rafael Caldeira foi eleito com 31% dos votos, mas seus concorrentes obtiveram votações muito próximas à dele: 24%, 24% e 21%.

O sistema de dois turnos é o mais frequente nas eleições presidenciais. A versão mais empregada é a que exige que um candidato obtenha mais de 50% dos votos no primeiro turno para ser eleito. Caso isso não ocorra, apenas os dois mais votados disputam uma nova eleição dias depois. Essa versão de dois turnos é adotada em 33 países: Áustria, Benin, Brasil, Bulgária, Cabo Verde, Chile, Colômbia, Croácia, Chipre, República Dominicana, El Salvador, Finlândia, França, Gana, Guatemala, Indonésia, Libéria, Lituânia, Macedônia, Maldivas, Mali, Mongólia, Namíbia, Peru, Polônia, Portugal, Romênia, Senegal, Eslováquia, Eslovênia, Tanzânia, Ucrânia e Uruguai.

A Constituição brasileira de 1988 adotou o sistema de dois turnos nas eleições para presidente, governadores e prefeitos de cidades com mais de 200 mil eleitores. Nas seis eleições presidenciais realizadas entre 1989 e 2010, em apenas duas um candidato elegeu-se no primeiro turno. Nas eleições de 1989, Fernando Collor de Mello obteve 31% dos votos no primeiro turno e 53% no segundo turno. Nas eleições de 1994 e 1998, Fernando Henrique Cardoso venceu no primeiro turno, respectivamente, com 54% e 53% dos votos. Em 2002, Luiz Inácio Lula da Silva obteve 46% dos votos no primeiro turno e 61% no segundo. Na disputa seguinte (2006), Lula obteve 49% dos votos no primeiro turno e 61% no segundo. Em 2010, Dilma Rousseff recebeu 47% dos votos no primeiro turno e 56% no segundo.

Alguns países adotam a regra de dois turnos, mas com outros critérios menos exigentes para a eleição presidencial no primeiro turno. Na Costa Rica, um partido precisa obter ao menos 40% dos votos para vencer no primeiro turno. Na Argentina, para um candidato a presidente ser eleito no primeiro turno ele tem de satisfazer uma das seguintes condições: receber mais de 45% dos votos ou receber mais de 40% dos votos, com 10 pontos percentuais de diferença em relação ao segundo mais votado. No Equador, um candidato precisa obter mais de 45% dos votos, com uma diferença de 10 pontos percentuais em relação ao segundo candidato para vencer no primeiro turno. Na Nicarágua, um candidato é eleito no primeiro turno se obtiver pelo menos 45% dos votos. Nenhuma dessas regras garante que o presidente será eleito com mais da metade dos votos dos eleitores.

A Bolívia adota um sistema em que, eventualmente, pode-se combinar o voto direto com a escolha indireta. Para ser eleito um candidato necessita obter mais de 50% dos votos. Caso isso não aconteça, cabe ao Congresso escolher um nome entre os dois mais votados nas eleições. A Irlanda é o único país que adota o voto alternativo para a escolha do presidente.

O sistema eleitoral adotado nas eleições presidenciais influencia o comportamento dos eleitores e dos dirigentes partidários. Por exemplo, no sistema de maioria simples, como a eleição é decidida em um único dia, é maior o estímulo para que os partidos façam coalizões eleitorais e os eleitores usem o voto útil (abandonar um candidato de um pequeno partido porque ele não tem chances de se eleger). No sistema de dois turnos, a expectativa é que mais partidos apresentem nomes para a disputa no primeiro turno, deixando as alianças para o segundo.

O colégio eleitoral dos Estados Unidos

Os eleitores americanos, quando vão às urnas para escolher um candidato a presidente, assinalam na cédula (ou em uma das diversas máquinas de votar usadas no país) o nome de seu candidato preferido. Durante a campanha, algumas pesquisas apresentam o percentual de votos de cada candidato, o que dá a impressão de que o sistema de escolha do presidente americano é semelhante ao de outras democracias presidencialistas. Na realidade, os Estados Unidos elegem o presidente indiretamente, por intermédio de um colégio eleitoral.

O colégio eleitoral é composto por 538 representantes (delegados), escolhidos nos 50 estados e na capital (Washington, DC). O número de delegados de cada estado é o mesmo que a soma de seus senadores e representantes na Câmara dos Deputados e varia entre 55 (Califórnia) e três (diversos estados). Em cada estado, os partidos selecionam uma lista de delegados ao colégio eleitoral. Por exemplo, como a Flórida tem 29 representantes, cada partido elabora, antes do dia da eleição, uma lista com 29 nomes.

Qual é o sistema eleitoral empregado na escolha dos delegados? Com exceção do Nebraska e do Maine,[11] todos os estados praticam o *voto em bloco partidário* (sistema eleitoral que não é usado nas eleições para a Câmara dos Deputados em nenhuma democracia): o partido mais votado no estado elege todos os delegados daquele estado no colégio eleitoral. Por exemplo, nas eleições de 2008, o candidato Barack Obama obteve 55% dos votos no Colorado e elegeu os nove delegados do estado no colégio; portanto, com 55% dos votos o candidato democrata elegeu 100% dos delegados.

Os delegados estaduais não se reúnem em um mesmo lugar para declarar seu voto; não há, pois, uma reunião do colégio eleitoral em âmbito nacional. Eles se reúnem e votam nas capitais dos respectivos estados. O resultado da votação é enviado para o Senado, em Washington, onde é apurado no dia 6 de janeiro do ano seguinte à eleição. Um candidato necessita obter mais de 50% dos delegados (270) para ser eleito. Nas eleições de 2008, Obama foi eleito com 365 votos, contra 163 de John McCain.

Esse sistema de votação não garante que o candidato que obtiver mais votos nas urnas terá mais delegados no colégio eleitoral. Em quatro eleições, o mais votado nas urnas não foi eleito presidente. A última delas aconteceu em 2000, quando George

---

[11] O Maine e o Nebraska utilizam um sistema diferente: o candidato a presidente mais votado em cada um dos distritos eleitorais do estado elege um delegado. O candidato mais votado em todo o estado elege mais dois delegados. Por exemplo, o Maine tem dois distritos eleitorais e quatro representantes no colégio; cada distrito elege um delegado, os outros dois são eleitos pela votação em todo o estado.

W. Bush obteve cinco delegados a mais do que Al Gore (271 a 266), embora tenha perdido as eleições por pouco mais de 500 mil votos: Al Gore recebeu 50,999 milhões de votos; George W. Bush, 50,456 milhões.

A representação proporcional

Não vejo por que os sentimentos e os interesses que organizam os homens segundo localidades seriam os únicos que se julgassem dignos de representação, ou por que indivíduos que têm outros sentimentos e interesses a que emprestam mais valor do que aos geográficos a esses se limitassem como princípio único de classificação política. A ideia de que o Yorkshire e o Middlesex tenham direitos distintos dos dos seus habitantes, ou que Liverpool e Exeter devam ser o objeto apropriado aos cuidados do legislador, em contraposição à população desses lugares, revela-se curioso exemplo da ilusão produzida pelas palavras.

Mill (1983:102)

No século XIX, as eleições para os legislativos nacionais passaram a ocorrer com mais frequência em diversos países da Europa, da América Latina, Canadá, Estados Unidos e Nova Zelândia. Com poucas exceções, as eleições eram realizadas em distritos plurinominais, oferecendo ao eleitor diferentes opções para escolha: votar em tantos nomes quantos fossem as cadeiras em disputa; votar em um número menor (voto limitado); ou votar mais de uma vez em um único nome (voto cumulativo).[12]

O processo de acentuadas transformações das instituições representativas – ocorrido em alguns países europeus na segunda metade do século XIX com a ampliação do direito de voto, a criação de novos partidos (inclusive operários) e o aumento da

---

[12] Sobre os sistemas eleitorais utilizados no século XIX e a origem da representação proporcional, ver Carstairs (1980).

competição eleitoral nos distritos – trouxe um desafio aos legisladores: como criar um sistema eleitoral que garantisse a representação das minorias? A solução encontrada inicialmente foi
experimentar versões alternativas de sistemas majoritários.
Foi nesse ambiente que surgiram diversos projetos para a
adoção de representação proporcional. Sua origem está ligada
a propostas formuladas por matemáticos europeus entre as décadas de 1850 e 1890: Tomas Hare (Inglaterra), Carl Andrae
(Dinamarca), Victor D'Hondt (Bélgica), Eduard Hagenbach-
-Bischoff (Suíça) e André Saint-Laguë (França). Nesse período
são formadas associações em defesa da representação proporcional na Suíça (1865) e na Bélgica (1881).

O debate sobre a representação proporcional concentrou-se
em duas propostas: o voto único transferível e o modelo de lista.
O primeiro é um sistema bastante complexo e está mais preocu-
pado em assegurar que opiniões relevantes na sociedade estejam
garantidas no Legislativo, mesmo que elas não encontrem abri-
go em um único partido. O sistema de lista tem como propósito
garantir que cada partido obtenha, no Legislativo, representação proporcional a seus votos. Diferentemente dos sistemas majoritários, ambos têm como ponto central o cálculo de uma cota.

O sistema de voto único transferível foi inventado na década
de 1850, independentemente, por Carl Andrae na Dinamarca e
por Thomas Hare na Inglaterra. O trabalho do jurista britânico
teve mais influência no debate político da época.

O livro de Hare *Tratado sobre eleição de representantes,
parlamentar e municipal* foi publicado em 1859. Nele, o autor
sustenta que o propósito fundamental de um sistema eleitoral
é assegurar a representação de opiniões individuais, e não das
comunidades ou partidos políticos. Por isso, os eleitores deveriam ter ampla possibilidade de escolha, não só de partidos, mas
de candidatos. Hare achava inconcebível que opiniões dispersas
pelo país não estivessem representadas no Parlamento somente
porque não estavam circunscritas a uma área geográfica.

John Stuart Mill foi um dos entusiastas do método de eleição proposto por Hare. Em *O governo representativo*, obra de 1861, Mill defendeu a introdução do sistema eleitoral proposto por Hare como forma de viabilizar o governo representativo moderno. Mill era um crítico do sistema eleitoral majoritário em vigor na Inglaterra, por entender que tal sistema limitava a representação política apenas à representação das comunidades e não permitia que os políticos de talento chegassem ao Parlamento:

> Atualmente, conforme todo mundo admite, está se tornando cada vez mais difícil a qualquer um que só possui talento e caráter conseguir entrar para a Casa dos Comuns. Os únicos indivíduos que conseguem se eleger são os que possuem influência local, que abrem caminho por meio das despesas exageradas ou que, a convite de três ou quatro negociantes ou advogados, são enviados por um ou dois grandes partidos dos clubes de Londres como homens com cujos votos o partido pode contar em todas as circunstâncias. Pelo sistema do sr. Hare, os que não gostassem dos candidatos locais, ou que não conseguissem eleger o candidato local de sua preferência, teriam a faculdade de encher a cédula com uma escolha entre todas as pessoas de reputação nacional, constantes da lista de candidatos, com cujos princípios políticos simpatizassem [Mill, 1983:96].

Até o fim da década de 1870, o sistema proposto por Hare/ Mill era a alternativa preferida dos críticos mais radicais dos sistemas eleitorais majoritários em vigor na Europa. Em 1882, Victor D'Hondt publicou *Sistema racional e prático de representação proporcional*, em que propunha um novo método de distribuição de cadeiras, baseado na votação de cada partido. D'Hondt foi um ativo militante em defesa da representação proporcional. Quatro anos depois, a Conferência Internacional sobre Reforma Eleitoral, realizada na Bélgica e na qual estiveram presentes delegados de diversos países da Europa, adotou o sistema apresentado por D'Hondt como modelo de representação proporcional:

> A Conferência Internacional sobre Representação Proporcional, convocada pela Associação Reformista Belga e reunida em Antuérpia nos dias 7, 8 e 9 de agosto de 1885, resolve:
> 1. que o sistema de eleições por maioria absoluta viola a liberdade do eleitor, provoca fraude e corrupção, e pode dar uma maioria de cadeiras para uma minoria do eleitorado;
> 2. que a representação proporcional é o único meio de assegurar poder para uma real maioria do país, e uma voz efetiva para as minorias, e exata representação para todos os grupos significativos do eleitorado;
> 3. que, embora as necessidades particulares de cada país sejam reconhecidas, o sistema D'Hondt de lista com divisor, adotado pela associação belga, é um avanço considerável em relação aos sistemas propostos anteriormente e constitui um meio eficiente e prático de atingir a representação proporcional [Carstairs, 1980:3].

A Bélgica foi o primeiro país a adotar a representação proporcional em âmbito nacional (eleições para a Câmara dos Deputados), em 1899. Nas duas décadas seguintes, outros países também o fizeram: Finlândia (1906), Suécia (1907), Holanda (1917), Suíça (1919), Itália (1919), Noruega (1919), Alemanha (1919), Dinamarca (1920) e Áustria (1920). Existe uma controvérsia entre os estudiosos a respeito das principais razões que teriam levado a essa "onda" de adoção da representação nos países europeus. Para alguns autores, a representação proporcional teria sido patrocinada, sobretudo, pelos partidos de direita, que começaram a sentir-se ameaçados pela ascensão eleitoral dos partidos de base operária, após a vigência do sufrágio universal. Para outros, a ampliação dos ideais democráticos associada à presença de um sistema eleitoral prévio (dois turnos) que já favorecia o multipartidarismo teria sido o fator preponderante.[13]

Representação proporcional de lista

No sistema proporcional de lista a unidade fundamental é o partido político. Nas eleições, cada partido apresenta uma lista de candidatos. O eleitor vota em uma dessas listas – alguns países permitem que o eleitor escolha um ou mais nomes. As cadeiras em disputa são distribuídas segundo determinada fórmula eleitoral, que procura garantir que cada lista partidária receba um número de cadeiras proporcional à sua votação: um partido que obteve 40% dos votos deve receber em torno de 40% das cadeiras, enquanto outro que recebeu 10% obtém cerca de 10% da representação.

O sistema proporcional de lista é o sistema eleitoral que vigora em mais da metade dos países democráticos. Ele é o sistema eleitoral por excelência na Europa e na América Latina. Na Europa, a representação proporcional de lista é utilizada em 29 dos 37 países, entre os quais estão Itália, Espanha, Holanda, Ucrânia, Polônia e Portugal. Na América Latina, é usada em 15 dos 20 países; entre eles estão o Brasil, a Argentina e a Colômbia. O sistema de lista é adotado, ainda, na Indonésia, na Turquia e na África do Sul (para a lista completa, ver quadro 1).

O argumento tradicionalmente empregado em defesa da representação proporcional de lista é o de que tal sistema garante uma equidade na relação entre votação e representação dos partidos. Nos últimos anos, a representação proporcional passou a ser defendida como opção para novas democracias com intensas divi-

---

[13] A visão da adoção da representação proporcional como resposta à ameaça da esquerda é sustentada por Boix (2010). A ênfase em aspectos mais institucionais é encontrada em Blais, Dobrzynska e Indridason (2005).

sões étnicas e religiosas, já que ela oferece aos grupos minoritários, dispersos pelo território, mais chances de obter representação.

A garantia de uma equidade na relação entre votos e cadeiras dos partidos é vista como um problema crítico da representação proporcional. Para eles, a ênfase demasiada na ideia de que a função das eleições é produzir uma boa representação acabaria prejudicando a outra dimensão das eleições, que é a da governabilidade. Por ser mais favorável aos pequenos partidos, o sistema proporcional acabaria contribuindo para aumentar a fragmentação parlamentar e, consequentemente, dificultando a construção de bases de apoio (no presidencialismo) ou de formação de gabinetes (no parlamentarismo).

Como veremos, os detalhes envolvidos na operação do sistema proporcional de lista são tantos que não encontramos dois países no mundo cujo sistema opere da mesma maneira. A distinção deriva de como cada país responde às perguntas abaixo. Em cada tópico a seguir veremos as diversas possibilidades de respostas.

1. Em quantos distritos eleitorais o país é dividido? Quantas cadeiras há em cada distrito?
2. Que fórmula matemática é usada?
3. Existe alguma cláusula de barreira?
4. Os partidos podem concorrer juntos (coligados) nas eleições?
5. Que nomes da lista ocupam as cadeiras obtidas pelo partido?

Número de cadeiras e níveis de alocação

O número de cadeiras é um fator decisivo para garantir que os resultados de uma eleição sejam proporcionais. Quanto mais cadeiras estão em disputa, maior a facilidade para que um pequeno partido obtenha representação e, dessa maneira, mais proporcional o resultado.

A tabela 4 demonstra, por meio de um exemplo hipotético, como o número de cadeiras em disputa afeta a representação dos partidos. Compare o percentual de votos dos partidos com o percentual de cadeiras que eles obteriam nas diferentes distribuições: quanto mais cadeiras em disputa, mais proporcional fica a distribuição. O exemplo deixa claro como o aumento de cadeiras em disputa favorece os pequenos partidos: o Partido Regionalista elege representantes apenas quando 50 cadeiras estão em disputa.

Tabela 4. Distribuição hipotética, segundo o número de cadeiras em disputa

Partidos	% dos votos	Número de cadeiras (% correspondente)				
		1	4	8	15	50
Radical	43	1 (100%)	2 (50%)	4 (50%)	7 (47%)	22 (44%)
Libertário	36	-	2 (50%)	3 (38%)	6 (40%)	18 (36%)
Centro	16	-	-	1 (12%)	2 (13%)	8 (16%)
Regionalista	5	-	-	-	-	2 (4%)

A Câmara dos Deputados da maioria dos países é composta por representantes eleitos em diferentes distritos eleitorais. Em geral, esses distritos estão associados a determinadas subunidades territoriais (províncias, estados, regiões, cantões) de um país. Como essas regiões têm populações variadas, elas terão um número de cadeiras variadas na Câmara. Em Portugal, para dar um exemplo, a Câmara dos Deputados (Assembleia da República) é composta por 230 deputados, eleitos em 20 diferentes distritos eleitorais; o menor deles tem duas cadeiras (círculo de Portalegre) e o maior elege 47 deputados (círculo de Lisboa).

O Chile é o país que tem os distritos de menor magnitude. Os 120 membros da Câmara dos Deputados são eleitos em 60 distritos eleitorais de dois representantes. Nesse caso, um partido só recebe as duas cadeiras do distrito se obtiver pelo menos o dobro de votos do segundo colocado (para mais detalhes, ver a fórmula D'Hondt na próxima seção).

A configuração dos distritos afeta a representação nacional dos partidos. Nos países em que a Câmara dos Deputados é com-

posta predominantemente por distritos com número reduzido de
cadeiras, os partidos pequenos têm mais dificuldade. Por isso, o
quadro partidário tende a ser menos fragmentado. No outro ex-
tremo encontram-se países como a Holanda e Israel, em que há
um único distrito nacional. A Câmara dos Deputados (Knesset)
de Israel, por exemplo, tem 120 representantes, que são eleitos
segundo a votação nacional de cada partido. Teoricamente, um
partido poderia obter uma cadeira com cerca de 0,83% dos votos, mas o país adota uma cláusula de exclusão de 2% (ver seção
"Cláusula de barreira", mais adiante, neste capítulo).

Além dos distritos regionais e nacionais, alguns países adotam
formas mais complexas de alocação de cadeiras. O objetivo é di-
minuir as distorções geradas nos distritos. Uma delas é o emprego
de um sistema de distribuição de cadeiras em estágios. O primeiro
estágio é o uso de uma cota no distrito. Algumas cadeiras acabam
não sendo ocupadas nesse estágio. As cadeiras não ocupadas e os
votos das "sobras" de diversos distritos são agregados em um distrito superior em que é feita a distribuição final. Tal mecanismo
aumenta as chances de os menores partidos elegerem representantes, pois eles podem agregar votos de diversos distritos eleitorais.
Esse método é usado na Áustria, na Grécia e na República Tcheca.

Uma forma mais eficiente para correção das distorções geradas nos distritos é empregada nos países nórdicos (Islândia,
Dinamarca, Suécia, Noruega) e na África do Sul. Nesses países,
o número total de deputados da Câmara é maior do que o somatório das cadeiras eleitas no distrito; ou seja, existem algumas
cadeiras suplementares.

A Câmara dos Deputados (Storting) da Noruega, por exemplo, é composta de 175 cadeiras: 135 ocupadas por representantes eleitos nos distritos e 40 destinadas à correção de eventuais
desigualdades na distribuição de cadeiras entre os partidos. O
cálculo de cadeiras é feito segundo a votação nacional dos partidos e tomando as 175 cadeiras como base. O passo seguinte
é comparar o total de cadeiras que os partidos receberam no

somatório dos distritos, que perfazem 142, com a distribuição incluindo as cadeiras suplementares. Digamos que um partido tenha obtido 50 cadeiras pela conta nacional, mas elegeu apenas 42 deputados no somatório dos diversos distritos. Nesse caso, ele recebe as oito cadeiras a mais. Esse mecanismo garante que os partidos tenham um percentual nacional de cadeiras próximo do percentual de seus votos.

As fórmulas eleitorais: maiores sobras e divisores

Em um sistema proporcional é necessária a definição de algum método para distribuir as cadeiras entre os partidos. Por hipótese, imagine que existam 20 cadeiras para serem distribuídas para um conjunto de partidos. Que critérios usar para fazer essa distribuição? Existem duas "famílias" de métodos mais empregados: maiores sobras e divisores. Os *métodos de maiores sobras* estabelecem uma cota fixa que cada partido deve atingir para eleger uma cadeira; depois de feita a distribuição, as cadeiras restantes são atribuídas aos partidos que chegaram mais próximos da cota. Os *métodos de divisores* dividem os votos dos partidos por números em série; as cadeiras são ocupadas sucessivamente pelos partidos que tiveram os maiores valores da divisão de seus votos pela tábua de números.

Apresento, a seguir, exemplos dos procedimentos mais empregados para distribuir as cadeiras do Legislativo de países democráticos.[14] Para facilitar a compreensão do processo de cada um deles, faço uso de um exemplo hipotético, em que 11 cadeiras devem ser distribuídas entre seis diferentes partidos (tabela 5).

[14] Está fora do âmbito deste trabalho fazer uma apresentação das diversas fórmulas criadas para distribuir as cadeiras entre os partidos. Para maiores detalhes, ver Lijphart (1994).

Tabela 5. Exemplo hipotético de votos e cadeiras

Partidos	Votos	%
Radical	46.000	35,4
Libertário	34.000	26,2
Centro	18.000	13,8
Regionalista	13.000	10,0
Feminista	11.000	8,4
Ruralista	8.000	6,2
Total	130.000	100,0

Os métodos de maiores sobras operam em dois estágios. O primeiro é o cálculo de uma cota, que servirá como denominador da divisão dos votos dos partidos. Um partido obterá tantas cadeiras quantas vezes atingir a cota. Quase sempre, após a distribuição das cadeiras pela cota algumas cadeiras não são preenchidas. Por isso, em um segundo estágio, as cadeiras restantes são alocadas para os partidos cujos votos mais se aproximaram da cota, ou seja, os que tiveram as maiores sobras.

A principal diferença entre os diversos métodos de maiores sobras diz respeito ao procedimento para calcular a cota. A mais simples delas foi proposta pelo jurista inglês Tomas Hare, e é o resultado da divisão dos votos válidos pelo número de cadeiras a serem ocupadas. A cota Hare de maiores sobras é empregada em alguns países da América Central: Costa Rica, Nicarágua, Honduras e Guatemala. A cota Droop, proposta pelo matemático inglês Richard Droop, é obtida pela divisão do total de votos pelas cadeiras a serem ocupadas mais um; em seguida, ao resultado é acrescentado o número 1. A cota Droop é usada na Eslováquia, na Eslovênia e na África do Sul. A diferença entre as duas fica mais clara com um exemplo. Imagine um distrito eleitoral com 60 mil votos e cinco cadeiras. A cota Hare seria 12.000 (60.000 ÷ 5) e a cota Droop seria 10.001 (60.000 ÷ [5 + 1] + 1).

A tabela 6 apresenta os resultados da alocação das cadeiras com base nos dados do exemplo. O primeiro passo é calcular a cota Hare: divisão do total de votos (130.000) pelo número de cadeiras (11), que resulta em 18.818 votos. O passo seguinte é dividir o total de votos de cada partido pela cota Hare. No caso do Partido Radical, por exemplo, 46.000 divididos por 11.818. O resultado é 3,892, o que significa que o partido ultrapassou a cota três vezes e gerou uma sobra de 892 votos. Após a distribuição é possível observar que sete cadeiras foram alocadas para os partidos que ultrapassaram a cota. As outras quatro são distribuídas para os partidos que obtiveram as maiores sobras. Observe que, embora dois partidos (Feminista e Ruralista) não tenham atingido a cota, disputam as cadeiras das sobras, razão pela qual o método Hare de maiores sobras é considerado pelos estudiosos o mais benéfico para os pequenos partidos.

Tabela 6. Distribuição de cadeiras pelo método Hare de maiores sobras

Partidos	Votos (A)	Cota Hare (B)	Votos + cota Hare (A + B)	Cadeiras eleitas pela cota	Sobras	Cadeiras eleitas pelas sobras	Total de cadeiras
Radical	46.000	11.818	3,892	3	892*	1	4
Liberal	34.000	11.818	2,877	2	877*	1	3
Centro	18.000	11.818	1,523	1	523	-	1
Regionalista	13.000	11.818	1,100	1	100	-	1
Feminista	11.000	11.818	0,931	-	931*	1	1
Ruralista	8.000	11.818	0,677	-	677*	1	1
Total	130.000	-	-	-	-	-	11

* Indica as maiores sobras.

O método de maiores sobras tem uma grave limitação, que foi descoberta por um funcionário do United States Census Bureau em 1880. O método de maiores sobras era utilizado para distribuir as cadeiras da Câmara dos Deputados entre os estados. O funcionário descobriu que, com um aumento do total de deputados da Câmara de 299 para 300 cadeiras, o estado do Alabama passaria de oito para sete representantes. O "paradoxo de Alabama" revelou que o método é sensível a pequenas variações da população.[15]

Os métodos de divisores (também conhecidos como os de maiores médias) dividem os votos dos partidos por um número em série. Feita a divisão, os partidos que obtêm os números mais altos vão sucessivamente ocupando as cadeiras. Os três métodos de divisores mais difundidos são o D'Hondt, o Sainte-Laguë e o Sainte-Laguë modificado. A diferença entre eles deriva da sequência de divisores usados.

O matemático belga Victor D'Hondt propôs que as cadeiras fossem distribuídas entre os partidos pela sequência de números 1, 2, 3, 4, 5, 6 etc. Esse método passou a ser conhecido pelo nome de seu criador e é o mais utilizado na representação proporcional de lista. A fórmula D'Hondt é empregada na maioria dos países que adotam essa representação proporcional, entre eles Argentina, Uruguai, Bélgica, Finlândia, Holanda, Suíça, Espanha e Portugal.

A tabela 7 apresenta um exemplo de distribuição de cadeiras pelo método D'Hondt. Os números entre parênteses indicam a ordem em que as cadeiras são preenchidas: a cadeira 1 é recebida pelo Partido Radical, a 2 pelo Partido Liberal, e assim sucessivamente, até o preenchimento de todas as cadeiras em disputa. Observe que um partido pode receber mais de uma cadeira antes que um pequeno o faça; por exemplo, o Radical obteve a cadeira 3 da distribuição antes que o partido de Centro obtivesse sua primeira (cadeira 4).

---

[15] Sobre os diversos métodos de alocação de cadeiras da Câmara dos Deputados entre os estados americanos, ver Balinski e Young (2001).

Tabela 7. Distribuição de cadeiras pelo método D'Hondt de maiores médias

Partidos	Votos	Votos + 1	Votos + 2	Votos + 3	Votos + 4	Votos + 5	Total de cadeiras
Radical	46.000	46.000 (1)	23.000 (3)	15.333 (6)	11.500 (8)	9.200 (11)	5
Liberal	34.000	34.000 (2)	17.000 (5)	11.333 (9)	-	-	3
Centro	18.000	18.000 (4)	9.000	-	-	-	1
Regionalista	13.000	13.000 (7)	6.500	-	-	-	1
Feminista	11.000	11.000 (10)	5.500	-	-	-	1
Ruralista	8.000	8.000	4.000	-	-	-	-
Total	130.000	-					11

Tabela 8. Distribuição de cadeiras pelo método Sainte-Laguë de maiores médias

Partidos	Votos	Votos + 1	Votos + 3	Votos + 5	Votos + 7	Total de cadeiras
Radical	46.000	46.000 (1)	15.333 (4)	9.200 (8)	6.571 (11)	4
Liberal	34.000	34.000 (2)	11.333 (6)	6.800 (10)	-	3
Centro	18.000	18.000 (3)	6.000	-	-	1
Regionalista	13.000	13.000 (5)	4.333	-	-	1
Feminista	11.000	11.000 (7)	3.666	-	-	1
Ruralista	8.000	8.000 (9)	-	-	-	1
Total	130.000	-				11

O método D'Hondt tem uma tendência a sobrerrepresentar o partido mais votado e desfavorecer os menores. Uma opção que gera resultados mais proporcionais é o método proposto pelo matemático francês André Sainte-Laguë, que usa os divisores ímpares: 1, 3, 5, 7, 9 etc. (tabela 8). O método Sainte-Laguë é adotado em três países escandinavos – Suécia, Dinamarca e Noruega –, mas com uma modificação: o primeiro divisor (1) é substituído por (1,4). Essa mudança torna a obtenção da primeira cadeira mais difícil para os menores partidos.

Observe que, enquanto na distribuição pelos métodos Hare de maiores sobras e Sainte-Laguë o menor partido (Ruralista) recebe uma cadeira, pelo método D'Hondt é o maior partido (Radical) que se beneficia, ampliando suas cadeiras para cinco. Em resumo, pelo critério de maior favorecimento aos pequenos partidos, os métodos são ordenados da seguinte maneira: Hare de maiores sobras, Sainte-Laguë modificado, Sainte Laguë e D'Hondt.

A fórmula eleitoral no Brasil

O método de distribuição de cadeiras praticado no Brasil combina o uso da cota Hare – conhecido na legislação eleitoral como quociente eleitoral – com o de um sistema de divisores para as cadeiras distribuídas nas sobras.

Vejamos como seriam distribuídas as cadeiras do exemplo acima segundo o método adotado no Brasil. O primeiro passo é calcular o quociente eleitoral (cota Hare), que é o resultado da divisão dos votos totais pelo número de cadeiras. O resultado é 11.818. O segundo passo é excluir da distribuição os partidos que não atingiram o quociente eleitoral; no caso, os partidos Ruralista e Feminista. O terceiro passo é distribuir o total de votos de cada partido pelo quociente eleitoral (ver tabela 9a). Observe que apenas sete das 11 cadeiras foram ocupadas por esse método. As outras quatro serão ocupadas pelo método de divisores. Os votos totais são divididos pelo total de cadeiras que o partido obteve na primeira distribuição mais um (primeiro divisor); mais dois (segunda divisão), e assim sucessivamente, até que todas as cadeiras sejam ocupadas. No exemplo, o Partido Radical recebeu duas cadeiras, o Partido Liberal uma e o Partido de Centro uma.

Tabela 9a. Distribuição de cadeiras em vigor no Brasil – pelo quociente eleitoral

Partidos	Votos (A)	Votos + quociente eleitoral	Cadeiras eleitas pela cota
Radical	46.000	3,892	3
Liberal	34.000	2,877	2
Centro	18.000	1,523	1
Regionalista	13.000	1,100	1
Feminista	11.000	Não atingiu o quociente eleitoral	-
Ruralista	8.000	Não atingiu o quociente eleitoral	-
Total	130.000	-	7

Quociente eleitoral = cota Hare: 11.818.

Tabela 9b. Distribuição de cadeiras em vigor no Brasil ("sobras")

Partidos	Votos (A)	Divisor 1: cadeiras obtidas pela cota + 1 (B)	Resultado (A + B)	Divisor 2: cadeiras obtidas + 2 (C)	Resultado (A + C)	Cadeiras obtidas na distribuição das sobras	Total de cadeiras
Radical	46.000	3 + 1 = 4	11.500*	3 + 2 = 5	9.200*	2	5
Liberal	34.000	2 + 1 = 3	11.333*	2 + 2 = 4	8.500	1	3
Centro	18.000	1 + 1 = 2	9.000*	1 + 2 = 3	6.000	1	2
Regionalista	13.000	1 + 1 = 2	6.500	1 + 2 = 3	4.300	-	1
Feminista	11.000	-	-	-	-	-	-
Ruralista	8.000	-	-	-	-	-	-
Total	130.000	-	-	-	-	-	11

* = Cadeiras obtidas.

Uma comparação entre as tabelas 9a e 9b (método praticado no Brasil) e a tabela 7 (fórmula D'Hondt) mostra que elas são similares. Os resultados finais seriam idênticos se os partidos que não atingiram o quociente eleitoral pudessem participar da distribuição de cadeiras.

Cláusula de barreira

Nas seções anteriores vimos como o número de cadeiras do distrito e a fórmula eleitoral afetam a distribuição de cadeiras entre os partidos. Além desses mecanismos "implícitos" de distribuição de cadeiras, alguns países adotam um mecanismo mais explícito: uma barreira em percentual de votos que o partido precisa ultrapassar. A cláusula de barreira é o patamar mínimo de votos (ou de cadeiras eleitas) que um partido necessita atingir para obter uma cadeira no Legislativo. A cláusula de barreira mais conhecida, a da Alemanha, estabelece um mínimo de 5% dos votos em âmbito nacional para os partidos garantirem representação na Câmara Baixa.[16]

A cláusula de barreira é empregada em cerca de 2/3 dos países que usam a representação proporcional de lista (Blais e Massicotte, 2002). O patamar de votos exigido para um partido obter representação varia entre 0,67 (adotado na Holanda) e 10% (utilizado na Turquia). Mas na maioria dos países ele se situa entre 3% e 5%.

Outra distinção importante refere-se ao nível (nacional ou regional) em que ela é empregada. Alguns países estabelecem uma cláusula de barreira nos distritos regionais. Na Espanha, por exemplo, um partido necessita receber pelo menos 3% de

---

[16] Alternativamente, um partido pode garantir representação se eleger pelo menos três cadeiras nos distritos uninominais.

votos em um distrito. Outros países estabelecem um mínimo de votos em nível nacional. É o caso de Israel, onde um partido necessita ultrapassar 1,5% dos votos nacionais para obter um representante na Câmara dos Deputados.

O objetivo da cláusula de barreira é dificultar o acesso dos pequenos partidos ao Legislativo. A principal justificativa é que um Legislativo com alta dispersão partidária pode afetar a governabilidade. Nas eleições em que um número relevante de partidos fica abaixo do patamar definido pela cláusula, o bônus para os maiores partidos é ampliado e a proporcionalidade é reduzida. Esse efeito pode ser observado nas eleições parlamentares da Turquia (2007), em que o somatório dos votos dos pequenos partidos que não atingiram a cláusula de barreira foi de 15% (Bacik, 2008).

O Brasil adota uma cláusula de barreira nas eleições para a Câmara dos Deputados, assembleias legislativas e câmaras municipais. A cláusula opera no distrito eleitoral – estado para deputados e município para vereadores. O quociente eleitoral (total de votos ÷ cadeiras) serve como barreira para os partidos; os que não o ultrapassam ficam de fora da distribuição das cadeiras. Embora ela varie em termos absolutos, é possível calcular a cláusula de barreira em termos percentuais dividindo 100% pelo número de cadeiras de cada circunscrição. Nas eleições para a Câmara dos Deputados, por exemplo, ela varia entre 1,43% (100% ÷ 70) em São Paulo e 12,5% (100% ÷ 8) no Acre e em outros oito estados.

Coligações

Alguns países que adotam a representação proporcional permitem que os partidos formalizem uma aliança nas eleições e tenham seus votos tratados como uma unidade para fins de distribuição de cadeiras. Essa prática é conhecida nos estudos eleitorais pela palavra *apparentment*, termo de origem francesa que quer dizer mistura. No Brasil, o termo "coligação" é empregado no âmbito das eleições tanto para o Executivo quanto para o Legislativo. Nesta seção, o termo refere-se exclusivamente à aliança entre os partidos para a disputa de cadeiras no sistema proporcional.

As coligações são tradicionalmente permitidas no Brasil, na Bélgica, na Holanda, na Suíça, na Finlândia e em Israel. Nesses países, cada um dos partidos que concorrem em coligação apresenta uma lista própria de candidatos. A vantagem é que os votos dos partidos coligados são somados e considerados como se fossem de um único partido no momento da distribuição das cadeiras. As coligações ampliam as chances de os pequenos partidos obterem representação. Um partido que sozinho teria dificuldades de atingir o patamar mínimo de votos exigido pode se beneficiar quando seus votos são somados aos votos de outros partidos.

Existem duas maneiras de distribuir as cadeiras obtidas pela coligação entre os partidos que a compuseram. A primeira faz uso de uma fórmula segundo a qual cada partido recebe um número de cadeiras proporcional à contribuição que ele deu para a votação total da coligação. Por exemplo, na Holanda (eleições para a Câmara dos Deputados em 2003) o Partido Verde e o Partido Socialista concorreram coligados e obtiveram, juntos, 17 cadeiras. Os socialistas, que contribuíram com 55% dos votos da coligação, ficaram com nove cadeiras (53% do total da coligação), enquanto os verdes, que contribuíram com 45% dos votos, ficaram com oito (47% do total da coligação) (Andweg, 205:498). O método é também empregado em Israel, na Bélgica e na Suíça.

A segunda forma de distribuir as cadeiras da coligação entre os partidos é que vigora na Finlândia e no Brasil. As cadeiras são ocupadas pelos nomes mais votados da coligação, independentemente do partido ao qual pertençam. Para obter uma cadeira, um partido tem de garantir votos suficientes para posicionar seus candidatos entre os primeiros da lista. Por essa razão, é comum que pequenos partidos, quando coligados com maiores, concentrem seus recursos de campanha em um só candidato (ou em um número reduzido deles). Esse método não garante uma distribuição proporcional das cadeiras da coligação entre os partidos. Para efeito de ilustração, imagine que, no exemplo anterior (coligação entre verdes e social-democratas na Holanda), essa regra estivesse em vigor e o Partido Verde conseguisse incluir 10 nomes entre os 17 mais votados; com 45% dos votos ele ficaria com 59% das cadeiras.

No caso do Brasil, a combinação das coligações com a opção pelo voto de legenda gera um efeito particular. Ao votar na legenda, o eleitor, quando seu partido de preferência está coligado, não tem seu voto creditado especificamente para que esse partido eleja um de seus candidatos. Esse voto é contabilizado apenas para definir o total de cadeiras da coligação.

Tipos de lista: fechada, aberta e flexível

Nas quatro seções anteriores vimos os diversos procedimentos envolvidos na distribuição de cadeiras entre os partidos no sistema proporcional de lista. O passo seguinte é saber quais nomes da lista ocuparão as cadeiras obtidas depois de elas serem distribuídas entre os partidos. Ou, dito de outra maneira: como será feito o ordenamento dos candidatos de cada lista. Existem três formas de fazê-lo. A primeira é deixar que os partidos definam a ordem dos nomes antes das eleições (lista fechada). A segunda é deixar que o ordenamento final dos candidatos derive apenas dos votos dos eleitores (lista aberta). Por fim, é possível combinar a ordem estabelecida pelos partidos, mas dando ao eleitor a possibilidade de alterar a lista (lista flexível). Ver quadro 2.

Quadro 2. Modelos de representação proporcional de lista por país

País	Aberta	Fechada	Flexível
África do Sul		x	
Argentina		x	
Áustria			x
Bélgica			x
Benin		x	
Bósnia-Herzegovina			x
Brasil	x		
Bulgária		x	
Cabo Verde		x	
Chile	x		
Chipre	x		
Colômbia		x	
Costa Rica		x	
Croácia		x	
Dinamarca	x		
El Salvador		x	
Equador	x		
Eslováquia			x
Eslovênia			x
Espanha		x	
Estônia			x
Finlândia	x		
Grécia			x
Guatemala		x	
Guiana		x	
Holanda			x
Indonésia			x
Islândia			x
Israel		x	
Itália		x	
Letônia	x		

▼

▼

País	Aberta	Fechada	Flexível
Luxemburgo	x		
Macedônia		x	
Marrocos		x	
Moldávia		x	
Montenegro		x	
Namíbia		x	
Nicarágua		x	
Noruega			x
Panamá	x		
Paraguai		x	
Peru	x		
Polônia	x		
Portugal		x	
República Dominicana		x	
República Tcheca			x
Romênia		x	
Serra Leoa		x	
Sérvia		x	
Suécia			x
Suíça	x		
Suriname	x		
Turquia		x	
Ucrânia		x	
Uruguai		x	

Fonte: Schmidt (2009); <www.electionguide.org/>.

Lista fechada

No sistema de lista fechada os partidos decidem, antes das eleições, a ordem dos candidatos. O eleitor não vota em nomes, mas apenas em um dos partidos; veja a figura 4, de uma cédula usada nas eleições do Parlamento Europeu em Portugal (2009). As cadeiras que cada partido eleger serão ocupadas pelos primeiros

nomes da lista. Por exemplo, se um partido obtiver cinco cadeiras, os cinco primeiros nomes da lista serão eleitos. A lista
fechada é adotada, entre outros países, na Itália, na Espanha,
em Portugal, em Israel, na África do Sul, na Argentina, na Colômbia e no Uruguai (para a lista completa, ver quadro 2).

Figura 4. Cédula lista fechada utilizada em Portugal.
Eleições para o Parlamento Europeu (2009)

ELEIÇAO PARA O PARLAMENTO EUROPEU

Partido	Sigla		
Bloco de Esquerda	B.E.		☐
CDU - Coligação Democrática Unitária	PCP-PEV		☐
Partido Social Democrata	PPD/PSD		☐
Partido da Terra	MPT		☐
Partido Popular Monárquico	PPM		☐
Movimento Esperança Portugal	MEP		☐
Partido Socialista	PS		☐
Partido Popular	CDS-PP		☐
Partido Nacional Renovador	P.N.R.		☐
Movimento Mérito e Sociedade	MMS		☐
Partido Comunista dos Trabalhadores Portugueses	PCTP/MRPP		☐
Partido Operário de Unidade Socialista	POUS		☐
Partido Humanista	P.H.		☐

O fato de serem os partidos os responsáveis exclusivos pela
definição de quais candidatos serão eleitos lhes dá enorme cen-
tralidade no sistema de lista fechada. Essa característica faz com
que os políticos tenham mais incentivos para se dedicar ao tra-

balho partidário do que em outras versões de sistema proporcional, nas quais o eleito tem alguma influência sobre a lista. Afinal, a dedicação ao trabalho partidário pode ser fundamental para a definição de que posição determinado militante ocupará na lista. Essa tem sido a principal crítica que o sistema de lista fechada recebe nos países que o adotaram. O reduzido incentivo que os deputados têm de prestar conta de suas atividades ao eleitorado tem contribuído para um afastamento entre representados e representantes.

Em alguns países os partidos têm feito uso da lista fechada como mecanismo para garantir a representação de determinados grupos étnicos e de mulheres. Um exemplo é a África do Sul, onde os partidos têm procurado garantir uma alternância na lista de representantes de diversos grupos étnicos. O perfil dos deputados eleitos na primeira eleição pós-*apartheid*, realizada em 1994, é ilustrativo: 52% de deputados negros (de nove diferentes etnias), 32% de brancos, 8% de indianos e 7% de outros grupos étnicos (Gouws e Mitchell, 2005:367). A legislação eleitoral da Argentina e a da Costa Rica exigem que haja uma alternância de gênero na lista, na proporção de 2 para 1; ou seja, dois homens devem ser seguidos por uma mulher (ou vice-versa). Esse mecanismo garante que pelo menos 33% da Câmara dos Deputados sejam mulheres.

Lista aberta

No sistema de lista aberta são os eleitores que definem quais candidatos serão eleitos. Cada partido apresenta uma lista de candidatos, e os eleitores votam em um nome. Os votos nos candidatos de cada lista são somados e servem para definir quantas cadeiras cada partido obterá. As cadeiras obtidas por um partido serão ocupadas pelos nomes que obtiverem mais votos nas eleições. A lista aberta é utilizada na Finlândia, no Brasil, na Polônia e no Peru (para a lista completa de países, ver quadro 2).[17] A Dinamarca dá aos partidos a possibilidade de escolher entre um modelo de lista aberta ou flexível; quase todos (com exceção de alguns partidos de esquerda, o principal deles o Partido Socialista) optam pela lista aberta (Elklit, 2005:466).

Na Finlândia, os partidos apresentam uma lista de candidatos em ordem alfabética. Os eleitores devem assinalar na cédula apenas um dos candidatos (ver figura 5). O modelo de lista aberta tem dois efeitos sobre a política finlandesa. O primeiro é incentivar a competição entre os candidatos do mesmo partido durante a campanha. O segundo é estimular campanhas centradas em candidatos individuais e não nos partidos; os candidatos investem recursos elevados para fazer suas campanhas individuais na mídia impressa e eletrônica (Raunio, 2005:464).

Quando adotou a representação proporcional de lista, em 1945, o Brasil optou pelo modelo de lista aberta. Desde então, vereadores e deputados são eleitos por esse sistema. Atualmente o eleitor tem duas opções: votar em um dos nomes da lista ou em um dos partidos (voto de legenda). Na Finlândia e na Polônia, para um voto ser contabilizado para um partido, ele necessariamente deve ser dado em um nome. No Brasil, o voto de legenda é contabilizado para a distribuição de cadeiras, mas não afeta a disputa entre os candidatos da lista.

Alguns estudos mostram que a lista aberta produz no Brasil efeitos semelhantes aos identificados na Finlândia, particularmente durante a campanha: competição entre os candidatos da mesma lista; campanha centrada nos candidatos e não nos partidos (Nicolau, 2006; Samuels, 1997).

[17] No Peru, os eleitores podem votar em até dois nomes de uma mesma lista. Na Itália (1946-1993), em até três.

Figura 5. Cédula da Finlândia

Helsingin vaalipiirissä 16 päivänä maaliskuuta
2003 toimitettavia eduskuntavaaleja varten
laadittu ehdokaslistojen yhdistelmä

O modelo de lista vigente na Suíça e em Luxemburgo funciona em linhas gerais como um modelo de lista aberta, pois os partidos apresentam uma lista de candidatos sem qualquer ordem e os mais votados de cada lista são eleitos.[18] Os eleitores podem votar em um dos partidos ou, alternativamente, fazer uma série de escolhas por determinados nomes.

A diferença fundamental é o grau de escolhas que os eleitores podem fazer. Em primeiro lugar, eles podem votar em tantos

---

[18] Nas duas edições anteriores usei o termo "lista livre" para caracterizar o sistema eleitoral da Suíça e de Luxemburgo. Na realidade, ele é um sistema de lista aberta que opera com uma série de singularidades.

nomes quantas forem as cadeiras do distrito; por exemplo, o distrito de Berna (Suíça) tem 26 cadeiras, o que dá a possibilidade de os eleitores votarem em até 26 nomes. Os eleitores podem ainda votar duas vezes em um mesmo candidato (voto cumulativo) e votar em candidatos de diferentes partidos (*panachage*). O recurso ao *panachage* é pouco usual: 8% em média na Suíça e 16% em Luxemburgo (Marsh, 1985:370).

Lista flexível

No modelo de lista flexível os partidos ordenam a lista de candidatos antes das eleições. A diferença em relação à lista fechada é que os eleitores podem intervir. Caso os eleitores concordem com a ordem em que os candidatos aparecem na lista, eles votam no partido. Caso não concordem, podem expressar a preferência por determinados nomes da lista. A lista flexível é empregada na Suécia, na Noruega, na Holanda, na Bélgica, na Áustria, na República Tcheca, na Estônia e na Indonésia.

Os países que fazem uso da lista flexível estabelecem diferentes critérios para que um candidato não posicionado entre os primeiros da lista seja eleito. Em geral, um candidato precisa obter mais votos individuais do que uma cota preestabelecida. Na Holanda, por exemplo, a cota é calculada para cada um dos partidos: total de votos do partido dividido pelo número de cadeiras que ele elegeu. Na Suécia, um candidato precisa obter mais de 8% dos votos da lista. Nos dois países, um candidato que ultrapassa a cota tem prioridade em relação aos candidatos ordenados pelo partido.

Vejamos com mais detalhe o funcionamento da lista flexível da Bélgica. Os eleitores podem alternativamente votar em um nome ou em um partido. Para a distribuição de cadeiras entre os candidatos de um partido é necessário calcular uma cota (votos do partido divididos pelas cadeiras obtidas). As primeiras cadeiras são ocupadas pelos candidatos que individualmente atingiram a cota. A seguir, os votos dados ao partido são transferidos para os primeiros nomes da lista, até que estes cheguem aos valores da cota. O mesmo procedimento é repetido para o segundo nome da lista, e assim sucessivamente, até que todos os votos partidários sejam transferidos.[19]

A tabela 10 mostra em mais detalhes como o modelo de lista flexível funciona na Bélgica. Imagine que, em um distrito eleitoral com sete representantes, um partido obteve 20 mil votos e elegeu quatro cadeiras. A distribuição de votos entre os candidatos está demonstrada na tabela.

Tabela 10. Distribuição de cadeiras entre os candidatos em um sistema de lista flexível

Ordem dos candidatos definida pelo partido	Votos	Votos de legenda transferidos	Total de votos	Ordem da eleição
1. Charles	2.900	1.100	4.000	2
2. Júlia	2.800	1.200	4.000	3
3. José	600	700	1.300	-
4. Antônio	4.400	-	4.400	1
5. Maria	2.700	-	2.700	-
6. Gabriel	3.200	-	3.200	4
7. Joana	400	-	400	-
Total	17.000	3.000	20.000	-

Nota: Cadeiras do partido: 4; votos nominais: 17.000; votos de legenda: 3.000.
Cota interna: Total de votos dividido pelas cadeiras obtidas mais um: 20.000 ÷ 5 = 4.000.

A primeira coluna da tabela 10 apresenta a lista ordenada pelo partido, tal qual é feito na versão da lista fechada. A segunda coluna mostra o total de votos obtidos pelos candidatos.

---

[19] Na Bélgica, o sistema foi alterado em 2002, com o intuito de dar mais peso ao voto nominal. Desde então, apenas metade dos votos dados aos partidos é utilizada no processo de transferência.

Repare que o quarto candidato da lista (Antônio) obteve mais votos (4.400) do que a cota interna (4.000), o que lhe garante a primeira cadeira. O passo seguinte é transferir os votos de legenda (3.000) para os primeiros nomes da lista. Os 3.000 votos são distribuídos em "cascata" de modo a garantir que os candidatos completem a cota interna; por exemplo, Charles recebeu 1.100 votos de legenda que se somaram a seus 2.900 votos originais. A terceira coluna mostra o resultado após a transferência. Os candidatos eleitos são aqueles que receberam mais votos individuais. Observe que o candidato Gabriel não seria eleito caso o sistema de lista fechada estivesse em vigor, pois ele foi o sexto na lista do partido.

Embora o sistema de lista flexível permita que os eleitores assinalem sua preferência por determinados candidatos, esse mecanismo tem sido usado com parcimônia pelos eleitores. Nos países que adotam a lista flexível, os eleitores votam majoritariamente na legenda, sufragando assim a ordem definida pelos partidos. São raros os casos em que os candidatos posicionados na parte inferior da lista se elegem. Na Noruega, nunca um candidato se elegeu com o voto preferencial. Na Holanda, em 14 eleições realizadas entre 1948 e 1994 apenas três candidatos foram eleitos com votos nominais; sob uma nova lei, cinco já foram eleitos entre 1998 e 2003 (Andeweg, 2005:506). A Áustria adotou, em 1992, uma nova lei para facilitar a eleição de candidatos pelo voto preferencial, mas o resulto foi pouco efetivo, pois apenas dois candidatos conseguiram se eleger por conta de seus próprios votos (Muller, 2005:409).

O voto único transferível (STV)

Como vimos na introdução deste capítulo, o voto único transferível (STV, do inglês *single transferable vote*) foi inventado independentemente, na década de 1850, por dois diferentes matemáticos (Thomas Hare, na Inglaterra, e Carl Andrae, na Dinamarca). O STV foi adotado em âmbito nacional pela primeira vez na Irlanda, em 1921. Além da Irlanda, é usado para a eleição da Câmara dos Deputados de mais um único país: Malta.

O STV guarda duas semelhanças com o sistema de lista: a adoção de distritos plurinominais e a necessidade do cálculo de uma cota para a distribuição de cadeiras. Uma diferença fundamental é que os votos dos diversos candidatos de um partido não são agregados.

A Câmara dos Deputados (Dáil) da Irlanda é composta por 166 representantes, eleitos em 41 distritos eleitorais, cada um deles elegendo três, quatro ou cinco representantes. Um partido pode apresentar tantos candidatos quantas forem as cadeiras do distrito; em um distrito com três representantes, por exemplo, um partido pode apresentar até três candidatos.

Os eleitores recebem uma cédula, na qual estão listados todos os candidatos que concorrem em seu distrito. À maneira do sistema de voto alternativo da Austrália, o eleitor deve colocar um número ao lado de cada nome, segundo a ordem de sua preferência. A figura 6 reproduz a cédula empregada em um distrito eleitoral da Irlanda. Nesse caso, como são 13 candidatos concorrendo, o eleitor pode enumerar suas preferências assinalando os números de 1 até 13.

O sistema de apuração de votos do STV é bastante complexo e envolve três elementos: o cálculo de uma cota; a transferência de votos dos candidatos que ultrapassaram a cota para outros candidatos; a transferência dos votos dos candidatos menos votados para outros nomes. Para ilustração, vejamos como foi feito o processo de apuração no distrito de Cork North-West nas eleições para a Câmara dos Deputados da Irlanda realizadas em 1987. O distrito tem três cadeiras, cinco candidatos concorreram e o total de votos válidos foi de 33.404.

Figura 6. Cédula da Irlanda

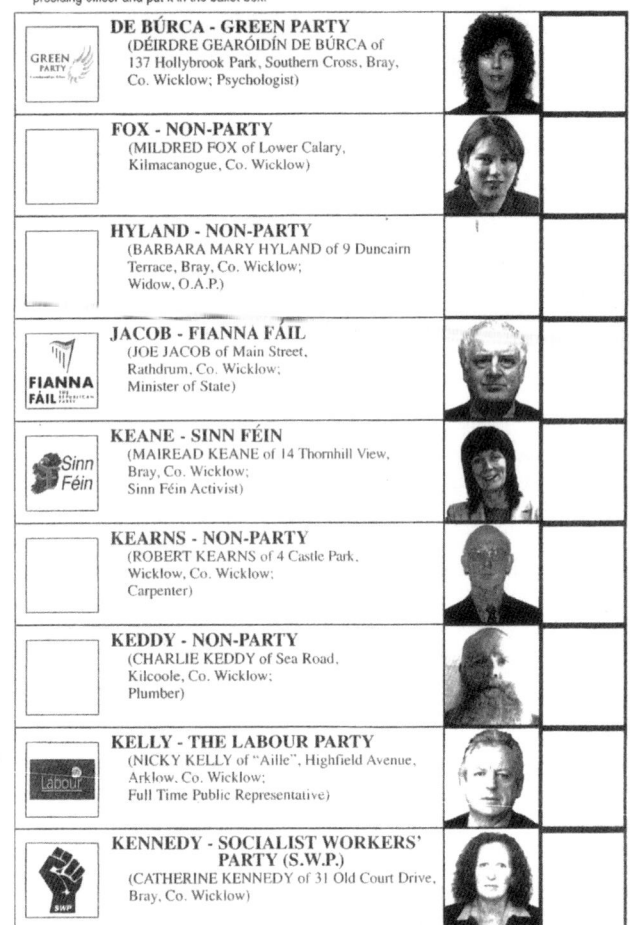

TREORACHA
1. Féach chuige go bhfuil an marc oifigiúil ar an bpáipéar.
2. Marcáil an figiúr 1 sa bhosca le hais ghrianghraf an chéad iarrthóra is rogha leat, marcáil an figiúr 2 sa bhosca le hais ghrianghraf an iarrthóra do dhara rogha, agus mar sin de.
3. Fill an páipéar ionas nach bhfeicfear do vóta. Taispeáin cúl an pháipéir don oifigeach ceannais, agus cuir sa bhosca ballóide é.

INSTRUCTIONS
1. See that the official mark is on the paper.
2. Mark 1 in the box beside the photograph of the candidate of your first choice, mark 2 in the box beside the photograph of the candidate of your second choice, and so on.
3. Fold the paper to conceal your vote. Show the *back of the paper* to the presiding officer and put it in the ballot box.

GREEN PARTY

DE BÚRCA - GREEN PARTY
(DÉIRDRE GEARÓIDÍN DE BÚRCA of 137 Hollybrook Park, Southern Cross, Bray, Co. Wicklow; Psychologist)

FOX - NON-PARTY
(MILDRED FOX of Lower Calary, Kilmacanogue, Co. Wicklow)

HYLAND - NON-PARTY
(BARBARA MARY HYLAND of 9 Duncairn Terrace, Bray, Co. Wicklow; Widow, O.A.P.)

FIANNA FÁIL

JACOB - FIANNA FÁIL
(JOE JACOB of Main Street, Rathdrum, Co. Wicklow; Minister of State)

Sinn Féin

KEANE - SINN FÉIN
(MAIREAD KEANE of 14 Thornhill View, Bray, Co. Wicklow; Sinn Féin Activist)

KEARNS - NON-PARTY
(ROBERT KEARNS of 4 Castle Park, Wicklow, Co. Wicklow; Carpenter)

KEDDY - NON-PARTY
(CHARLIE KEDDY of Sea Road, Kilcoole, Co. Wicklow; Plumber)

Labour

KELLY - THE LABOUR PARTY
(NICKY KELLY of "Aille", Highfield Avenue, Arklow, Co. Wicklow; Full Time Public Representative)

SWP

KENNEDY - SOCIALIST WORKERS' PARTY (S.W.P.)
(CATHERINE KENNEDY of 31 Old Court Drive, Bray, Co. Wicklow)

Tabela 11. Resultado de uma eleição com STV.
Distrito eleitoral de Cork North-West, Irlanda (1987)

Candidato (partido)	Total de votos recebidos (primeiras preferências)	Votos transferidos do candidato O'Riordan	Resultado após a transferência	Votos a mais transferidos do candidato Crowley	Total
Creed (Fine Gael)	7.057	+1.292	8.349	+130	8.479 (eleito)
Crowley (Fine Gael)	7.431	+1.087	8.518 (eleito)	-166	8.352
Moynihan (Fianna Fáil)	7.777	+566	8.343	+12	8.355 (eleito)
O'Riordan (PDS)	3.796	-3.796	-	-	-
Roche (Fianna Fáil)	7.343	+564	7.907	+24	7.931
Não transferíveis	-	+287	-	-	-

Fonte: Gallagher e Mitchell (2005b:595).

O primeiro passo é o cálculo da cota Droop, que é obtida dividindo o total de votos pelo total de cadeiras mais um, acrescentando-se um ao total obtido. No caso, a cota foi de 8.352. Os candidatos que ultrapassarem a cota com os votos da primeira preferência estarão eleitos. No exemplo, nenhum deles ultrapassou. Observe que, diferentemente do que ocorre no sistema proporcional de lista, os votos dos candidatos de um mesmo partido não são agregados para distribuição de cadeiras.

O passo seguinte é a eliminação do candidato com menos votos (O'Riordan) e a posterior transferência de seus votos, de acordo com as segundas preferências marcadas na cédula. Entre os 3.796 eleitores que deram sua primeira preferência para O'Riordan, 1.292 deram a segunda preferência para Creed, 1.087 para Crowley, 566 para Moynihan, 564 para Roche e 287 não assinalaram nenhum nome – estes últimos são considerados votos não transferíveis. Em termos práticos, a transferência na apuração significa que as cédulas saem de uma pilha de votos e são deslocadas para a pilha de outros. Ao final desse estágio, um candidato – Crowley – atingiu a cota e foi eleito.

Observe que o primeiro candidato a ser eleito (Crowley) ultrapassou a cota em 166 votos (8.518 – 8.352). Nesse caso, começa outro sistema de transferência: dos votos dos candidatos que ultrapassaram a cota (ou seja, foram eleitos). A dúvida é: como escolher da pilha de Crowley esses 166 votos que serão transferidos? Na Irlanda, a regra é retirar essas cédulas das que vieram da última transferência (no caso, os votos de O'Riordan). Os apuradores eliminam as cédulas que não assinalaram terceiras preferências e contam as outras. Para facilitar, imagine que entre os 1.087 votos recebidos por Crowley, 87 não indiquem outras preferências e sejam considerados não transferíveis. Sobram assim 1.000 para ser analisados pelos apuradores. Destes, Creed obteve 783 votos, ou seja, 78,3%. A mesma proporção é aplicada na distribuição dos 166 votos: Creed recebe 130 (78,3%) dos 160 votos.

Uma última questão é: como selecionar, entre as 783 cédulas, quais serão efetivamente transferidas para a pilha de Creed? A regra é retirar as 166 da parte superior da pilha. A premissa é que o processo de apuração "embaralha" as cédulas. O mesmo procedimento é repetido para os outros candidatos. Roche obteve 24 votos e Moynihan recebeu 12. Após essa transferência, Moynihan e Creed ultrapassaram a cota e se elegeram.

No exemplo apresentado, o distrito eleitoral tem magnitude baixa e poucos candidatos concorreram. Mas nos distritos de cinco representantes um número muito maior de candidatos tradicionalmente disputa as eleições. Dessa maneira, as rodadas de transferência – seja eliminando os votos acima da cota dos vitoriosos, seja eliminando os candidatos menos votados – vão se sucedendo até que todos os nomes se elejam. Como o leitor deve ter percebido, o STV é o sistema eleitoral com o mais complexo sistema de apuração de votos.

O STV permite um grau de escolha não encontrado em qualquer outra variante de sistema eleitoral. Os eleitores podem votar em candidatos de diferentes partidos e ainda ordená-los de acordo com sua predileção. Outra vantagem do STV, quando comparado com o sistema proporcional de lista aberta, é que o eleitor tem controle sobre a natureza da transferência de seu voto: na lista aberta, um voto pode ajudar a eleger um candidato pelo qual não se tem simpatia; no STV, a transferência dos votos é feita exclusivamente para os nomes especificados pelo eleitor.

A inexistência de uma agregação de votos dos candidatos de um mesmo partido e a ausência de uma cota para distribuir as cadeiras entre os partidos revelam que o propósito fundamental do STV não é garantir uma proximidade aritmética entre os votos e as cadeiras dos partidos. O propósito dessa versão de representação proporcional é assegurar que as opiniões relevantes da sociedade estejam retratadas no Legislativo. Segundo os defensores do voto único transferível, o eleitor teria a opção de priorizar uma série de escolhas que, em muitos casos, "atravessam" os partidos: determinadas questões (ecologia, direitos humanos, combate à violência, por exemplo), prioridade a candidatos da mesma área e a representantes de segmentos sociais específicos (mulheres, jovens, grupos étnicos, por exemplo).

Sistemas mistos

Independentemente de os sistemas mistos continuarem a proliferar ou não, eles agora oferecem a junção entre sistemas majoritários e proporcionais como opção que deve ser considerada quando os países desenham ou redesenham os seus sistemas eleitorais. Isso representa uma mudança fundamental no pensamento sobre sistemas eleitorais ao redor do mundo.

Shugart e Wattemberg (2001:596)

Após o término da II Guerra Mundial, a Alemanha enfrentou o desafio de reorganizar suas instituições representativas. O país havia adotado dois sistemas eleitorais previamente. Um sistema de dois turnos em distritos uninominais durante o Império (1871-1914) e um sistema proporcional bastante favorável aos pequenos partidos durante a República de Weimar (1919-33). Durante os debates da Assembleia Constitucional, reunida em 1948 para elaboração de uma nova constituição do país, houve um acalorado debate sobre quais regras deveriam ser adotadas nas eleições da nova Alemanha. Os dois principais partidos defendiam a adoção de diferentes sistemas eleitorais: os democrata-cristãos posicionavam-se em favor do sistema majoritário em distritos uninominais (sistema utilizado pelo Reino Unido e pelos Estados Unidos, os dois países responsáveis pela ocupação do país da seção oeste da Alemanha); os social-democratas defendiam a representação proporcional. O impasse levou os legisladores a inventar um novo sistema que combinava elementos dos dois. Uma parte (60%) dos representantes seria eleita pela representação proporcional de lista e a outra por maioria simples em distritos (40%). Nos anos seguintes, algumas alterações foram feitas, até que, em 1956, o sistema assumiria as características gerais mantidas até hoje (Scarrow, 2001).

Os estudiosos dos sistemas eleitorais tiveram certa dificuldade para classificar o novo sistema eleitoral criado na Alemanha. Tratava-se realmente de uma nova "espécie", ou ele guardava características particulares, que o caracterizavam como um subtipo da família proporcional ou majoritária? Até a década de 1980 ele era, quase sempre, classificado como uma variante da representação proporcional, ao lado do STV e do sistema de lista – daí ter ficado conhecido como sistema de *representação proporcional personalizada* ou *representação proporcional compensatória*. Alternativamente, ele era chamado de *additional member system* (AMS), nome ainda bastante usado no Reino Unido (Kaase, 1984; Lijphart, 1994; Taagepera e Shugart, 1989).

Até o fim da década de 1980 apenas mais um país (México) adotou um sistema que combinava a representação proporcional com representação majoritária. Na década seguinte, os sistemas mistos "entraram na moda" e passaram a ser uma opção atraente em muitos países que discutiam a reforma eleitoral. Três democracias tradicionais abandonaram seus sistemas eleitorais e adotaram-no: Itália (1993), Nova Zelândia (1993) e Japão (1994). Os sistemas mistos também foram adotados por diversos países em processo de transição para a democracia, tais como territórios da antiga União Soviética (Rússia, Ucrânia, Hungria e Lituânia), países do Pacífico (Coreia do Sul, Filipinas, Taiwan e Tailândia), da América Latina (Bolívia, Venezuela e Equador) e da África (Lesoto e Senegal). Um levantamento feito em 1999 identificou 29 países do mundo usando algum tipo de sistema misto (Massicotte e Blais, 1999:365).

Vários estudos sobre sistemas eleitorais na década de 2000 passaram a tratar os sistemas mistos como uma nova "espécie", com atributos próprios que os distinguiria das fórmulas majoritárias e proporcionais (Farrell, 2001; Norris, 2004; Reynolds,

Reilly e Ellis, 2005). Em que pese existirem diversas possibilidades de combinar sistemas eleitorais, adoto uma definição mais restrita. Um sistema é caracterizado como misto quando usa duas fórmulas diferentes para a eleição de representantes. Uma delas é a proporcional, com o voto dado a uma lista de candidatos; a outra é majoritária, com o voto dado a candidatos específicos. Em quase todos os países a parte majoritária é eleita por maioria simples em distritos uninominais (a exceção é a Lituânia, onde vigora o sistema de dois turnos).

Os defensores do sistema misto costumam apresentá-lo como uma forma de garantir "o melhor dos dois mundos". De um lado, o sistema assegura a representação dos partidos de maneira razoavelmente proporcional. De outro, garante que todas as áreas do país terão um representante no Legislativo. Mais do que a dimensão majoritária, o ponto salientado é o uso de um distrito uninominal, que dá mais visibilidade ao representante e maior controle eleitoral por parte dos representados. Como veremos, as diferentes formas de combinar as partes majoritária e proporcional produzem resultados mais ou menos distantes da promessa do melhor dos mundos.

Existem dois tipos de sistema misto: o *paralelo* e o de *correção*. O modelo *paralelo* opera com uma segmentação clara entre a parte proporcional e a majoritária, ou seja, os votos são dados e contados separadamente. Na versão do sistema *de correção* existe uma comunicação entre as duas partes; os votos dados em cada uma afetam o resultado da outra.[20]

No Brasil, as propostas de combinar a representação proporcional com o sistema majoritário em distritos uninominais (voto distrital) são conhecidas pelo nome de sistema distrital misto.

---

[20] Nas edições anteriores utilizei denominações diferentes para o sistema misto paralelo. Na edição de 1999 utilizei "combinação" para designá-lo; na de 2004, o termo "superposição". Acho que o termo "paralelo" resume sua principal característica, que é operar com dois sistemas eleitorais que não se comunicam.

O problema é que esse nome genérico não distingue os dois modelos de sistema misto.[21]

Sistema misto paralelo

No sistema misto paralelo uma parte dos representantes é eleita pela fórmula proporcional e outra é eleita pela fórmula majoritária, sem que haja qualquer conexão entre as duas. Para fins de ilustração, imagine um estado com 20 cadeiras ($M = 20$), com metade dos deputados eleitos por uma fórmula proporcional de lista fechada e a outra metade eleita pelo sistema de maioria simples em distritos uninominais. O eleitor dá dois votos: em um partido (para distribuição proporcional) e em um nome que concorre no distrito. Nesse caso, o estado seria dividido em 10 circunscrições eleitorais (distritos) e o mais votado em cada uma delas seria eleito deputado. As outras 10 cadeiras seriam distribuídas proporcionalmente aos votos obtidos pelas listas.

O misto paralelo foi o sistema eleitoral preferido pelos legisladores em muitos países em processo de transição para a democracia nos anos 1990, particularmente na Ásia (Coreia do Sul, Taiwan, Tailândia) e no Leste europeu (Rússia, Ucrânia e Lituânia). O Japão abandonou o SNTV, em 1993, para adotá-lo. Na década seguinte, o sistema paralelo foi abandonado pela Rússia e pela Ucrânia, que adotaram a representação proporcional de lista. Atualmente, ele está em uso em seis democracias (Japão, Coreia do Sul, Filipinas, Taiwan, Senegal e Lituânia).

[21] Em todas as legislaturas do Congresso Nacional, no atual período democrático, foram apresentadas propostas de adoção de sistemas mistos no Brasil. Mas as duas que tiveram maior repercussão no debate político foram a proposta da Comissão Arinos (1985) de adoção de um sistema paralelo, com um único voto do eleitor, e a da Comissão de Estudos para a Reforma da Legislação Eleitoral do TSE (1995), que sugeriu um sistema misto de correção, com dois votos do eleitor.

O Japão é o principal exemplo do sistema paralelo. A Câmara dos Deputados (Shugi-in) do país é composta por 480 deputados, 300 eleitos por maioria simples em distritos uninominais e 180 eleitos pela representação proporcional (lista fechada) em 11 distritos eleitorais. Os partidos apresentam um nome para a disputa no distrito e uma lista de candidatos. O eleitor dá dois votos.

A tabela 12 apresenta os resultados das eleições realizadas na região de Tóquio (2009), onde foram eleitos 42 deputados (25 em distritos uninominais e 17 na parte proporcional). Observe que dois sistemas eleitorais funcionam paralelamente. Na distribuição da parte majoritária, apenas dois partidos (Partido Democrático e Partido Liberal Democrático) obtiveram cadeiras. Na parte proporcional, a distribuição foi feita de maneira mais equânime e mais três partidos obtiveram cadeiras (Partido Comunista, Partido Governo Limpo e Nosso Partido).

Tabela 12. Distribuição das cadeiras na circunscrição eleitoral de Tóquio. Eleições para a Câmara dos Deputados (2009)

Partidos	% dos votos nos distritos uninominais	Total de cadeiras nos distritos uninominais	% dos votos na lista	Total de cadeiras da lista	Total de cadeiras
Democrático	47,3	21	41,0	8	29
Liberal Democrático	37,8	4	25,5	5	9
Comunista	8,8	-	9,6	1	1
Governo Limpo	-	-	10,4	2	2
Nosso Partido	0,1	-	6,1	1	1
Outros	6,0	-	7,4	-	-
Total	100,0	25	100,0	17	42

Fonte dos dados brutos: <http://psephos.adam-carr.net/countries/j/japan/japan20092.txt>. Acesso em: 25 out. 2011.

O sistema misto paralelo gera efeitos agregados que o situam entre um sistema proporcional de lista e um sistema majoritário. Na maioria dos países, a dimensão majoritária acaba dominando, razão pela qual alguns estudiosos denominam o sistema paralelo "sistema misto majoritário" (*mixed-member majority* ou MMM). Dois aspectos contribuem para que a versão do sistema paralelo se aproxime mais ou menos da fórmula majoritária. São eles: o percentual de cadeiras da parte proporcional e o número de votos (um ou dois) que o eleitor pode dar.

Nos países que usam o sistema paralelo, o percentual de cadeiras ocupadas pela parte majoritária é o seguinte: Lituânia (50%), Japão (52%), Senegal (54%), Coreia do Sul (75%), Taiwan (78%) e Filipinas (80%). Quanto maior for esse percentual, mais difícil será, para um pequeno partido, garantir representação, e, dessa maneira, menos proporcional tende a ser o resultado das eleições. A dimensão majoritária é claramente dominante em países como Coreia do Sul, Taiwan e Filipinas e menos dominante nos outros.

No Japão, na Lituânia, em Taiwan e nas Filipinas, os eleitores têm dois votos: um na lista partidária e outro no candidato que concorre no distrito. Nesses países, o eleitor frequentemente vota em um candidato mais competitivo no distrito uninominal e em um partido menor na lista partidária. No Senegal e na Coreia do Sul, os eleitores têm apenas um voto, que é dado no candidato do distrito e serve para a parte proporcional. Nesses países, a lógica da competição majoritária, particularmente o voto útil, acaba "contaminando" a parte proporcional.

Outra característica importante que distingue os sistemas mistos é a possibilidade de um candidato concorrer simultaneamente na lista e no distrito. No Japão, na Lituânia e em Taiwan os partidos podem apresentar nomes para concorrer nos dois níveis, o que resulta na oportunidade de um candidato derrotado em determinado distrito e bem-posicionado na lista ser eleito.

Sistema misto de correção

O sistema misto de correção estabelece uma conexão entre a parte majoritária e a proporcional. Vamos voltar ao exemplo dado na seção anterior: um estado com 20 cadeiras (M = 20), com metade dos deputados eleitos por uma fórmula proporcional e a outra metade pelo sistema de maioria simples em distritos uninominais. O estado é dividido em 10 circunscrições eleitorais (distritos). O eleitor dá dois votos (um na lista e outro no candidato do distrito). As 20 cadeiras são distribuídas de acordo com o voto dado na lista proporcionalmente à votação dos partidos. Lembre-se de que, no sistema paralelo, apenas metade das cadeiras é distribuída dessa maneira. Essa é a diferença fundamental quando comparamos os dois. O sistema misto de correção distribui todas as cadeiras pela fórmula proporcional. Por essa razão ele recebe, em muitos estudos, a designação de misto proporcional (*mixed-member proportional* ou MMP).

O leitor deve estar se perguntando: e as cadeiras do distrito? O sistema misto de correção funciona em dois tempos. O primeiro é distribuir o total de cadeiras (do país ou de uma região) de acordo com a fórmula proporcional. O segundo é derivado de uma subtração: do total das cadeiras obtidas pela distribuição proporcional são diminuídas as cadeiras conquistadas no distrito; a diferença é preenchida pelos primeiros nomes da lista. Por exemplo: se um partido obteve oito cadeiras e venceu em três distritos, os cinco primeiros nomes da lista estão eleitos. A bancada do partido será composta pelos três nomes eleitos no distrito, mais os cinco primeiros nomes da lista partidária.

O sistema misto de correção é empregado em sete países democráticos: Alemanha, México, Nova Zelândia, Bolívia, Hungria, Albânia e Lesoto. O funcionamento do sistema de correção nesses países tem algumas características em comum. Todos eles utilizam a lista fechada na parte proporcional, o sistema de maioria simples em distritos uninominais, e permitem que os eleitores deem dois votos (um em um nome que concorre no distrito e outro na lista partidária). Uma diferença é o percentual de cadeiras eleitas nos distritos: Hungria (46%), Alemanha (50%), Nova Zelândia (50%), Bolívia (52%), México (60%), Lesoto (67%) e Albânia (71%).

O principal argumento empregado em defesa do sistema de correção é que ele garante a representação de um contingente de deputados em distritos uninominais, sem os resultados negativos gerados pelo sistema de maioria simples tradicional: distorção na representação dos partidos. Ou inversamente, o sistema garante proporcionalidade na representação partidária simultaneamente à garantia de que todas as áreas do país terão um representante no Legislativo.

Desde 1999 o sistema de correção passou a ser usado em diversas eleições no Reino Unido: Parlamento da Escócia, Assembleia Nacional de Gales e Assembleia de Londres. Para mostrar os detalhes do funcionamento de um sistema de correção apresento os resultados das eleições para o Parlamento da Escócia, realizadas em 2007. O Parlamento da Escócia tem 129 deputados, 73 deles eleitos em distritos uninominais e 56 em oito regiões por lista fechada. O eleitor tem dois votos, um para o candidato que concorre no distrito e outro para a lista (a figura 7 reproduz a cédula empregada em um distrito eleitoral da Escócia).[22]

---

[22] Nas edições anteriores adotei o caso da Alemanha para ilustrar o funcionamento do misto de correção. Mas percebi que os leitores tinham dificuldades de entender a lógica do sistema pelo fato de as cadeiras serem distribuídas em âmbito nacional e depois transferidas aos estados. O exemplo da Escócia, com o cálculo das cadeiras nos distritos regionais, é mais simples de ser compreendido.

Figura 7. Cédula da Escócia

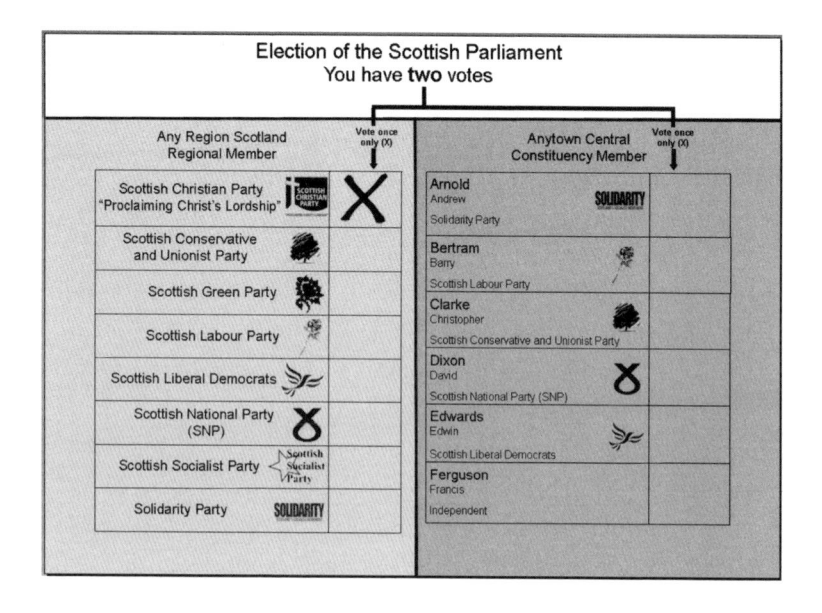

A tabela 13 apresenta os resultados das eleições em uma das oito regiões da Escócia, Highlands & Islands, que elege 15 deputados (oito deles em distritos uninominais). O primeiro passo é calcular o total de cadeiras que cada partido receberá segundo os votos dados na lista. Para essa distribuição é aplicada a fórmula D'Hondt (ver o segundo capítulo). Do total de cadeiras que cada partido obteve são subtraídas as conquistadas no distrito; a diferença é preenchida com os primeiros nomes da lista. Por exemplo, o Partido Nacional obteve seis cadeiras no total. Como ele conquistou quatro distritos, apenas os dois primeiros nomes da lista se elegem. O Partido Liberal elegeu quatro cadeiras na parte proporcional, mas ganhou em quatro distritos, por isso nenhum dos nomes de sua lista foi eleito. Outros dois partidos elegeram deputados, mas não venceram em nenhum distrito, portanto seus representantes foram os primeiros nomes da lista: os três da lista do Partido Trabalhista e os dois do Partido Conservador.

Tabela 13. Eleições para o Parlamento da Escócia.
Região de Highlands & Islands (2007)

Partido	% dos votos na lista	Total de cadeiras	Total de cadeiras nos distritos uninominais	Total de cadeiras da lista	% das cadeiras
Nacional Escocês	34,4	6	4	2	40,0
Liberal	19,9	4	4	0	26,7
Trabalhista	17,7	3	0	3	20,0
Conservador	12,6	2	0	2	13,3
Verde	4,6	-	-	-	-
Cristão	3,4	-	-	-	-
Outros	7,5	-	-	-	-
Total	100	15	8	7	100

Fonte: <http://en.wikipedia.org/wiki/Highlands_and_Islands_(Scottish_Parliament_electoral_region)#2007_Scottish_Parliament_election>. Acesso em: 25 out. 2011.

Um partido pode, ocasionalmente, conquistar mais cadeiras nos distritos uninominais do que o estabelecido pela distribuição proporcional. Na Escócia, a legislação prevê que, quando isso ocorre, o partido garante o total de cadeiras obtidas nos distritos uninominais. Como o número de cadeiras do Parlamento é fixo, essa cadeira deve ser subtraída das conquistadas por outro partido; ela é retirada do partido que recebeu a última cadeira na distribuição proporcional.

Para fins de ilustração, veja a tabela 13 e imagine que nos distritos uninominais o Partido Liberal recebeu cinco cadeiras, e o Partido Nacional Escocês, três. Apesar de o Partido Liberal ter conquistado quatro cadeiras segundo a distribuição proporcional, ele ficaria com as cinco. A cadeira extra seria subtraída do partido que ficou com a última cadeira da distribuição proporcional – no caso, o Partido Nacional Escocês, que ficaria com cinco cadeiras, no lugar das seis originalmente eleitas.

Todos os países que adotam o sistema misto de correção têm de dar uma solução para quando um partido recebe mais cadeiras no distrito do que pela distribuição proporcional. O problema está associado, sobretudo, ao volume de uso do voto estratégico (o eleitor vota em um grande partido na disputa no distrito e em um menor na lista), o que gera uma discrepância nos votos que os partidos recebem nos dois níveis.

A Alemanha, país que criou o sistema misto de correção, resolveu o problema de outra maneira: aumentando o tamanho da Câmara dos Deputados. Caso em um estado (*Länder*) um partido obtenha mais cadeiras no distrito uninominal do que na parte proporcional, ele fica com essas cadeiras adicionais, o que aumenta temporariamente, até as eleições seguintes, o tamanho da Câmara dos Deputados. A provisão de cadeiras extras (*Überhangmandate*) tem crescido nas últimas eleições alemãs. Nas eleições de 2009, por exemplo, foram 24 cadeiras adicionais (21 para a CDU e três para a CSU). A Câmara dos Deputados (*Bundestag*) passou das originais 598 cadeiras para 622.[23]

Todos os países que utilizam o sistema misto de correção permitem que um candidato concorra simultaneamente na lista e no distrito uninominal. Na Alemanha, por exemplo, cerca de metade dos candidatos concorrem nos dois níveis, 30% apenas na lista e 20% somente nos distritos (Saalfeld, 2005:219). O intenso uso da candidatura dupla na Alemanha contribui para que não exista uma diferença muito acentuada de *status* entre os dois tipos de representantes. Em outros países a distinção de papéis entre os representantes tem-se tornado um tema no debate político. Na

---

[23] Disponível em: <www.bundestag.de/htdocs_e/bundestag/elections/results/index.html>. Acesso em: 25 out. 2011.

Nova Zelândia, país que adotava um sistema de maioria simples, existe uma insatisfação de parte dos eleitores com os deputados eleitos na lista fechada, que são vistos mais como representantes dos partidos do que do eleitorado. No País de Gales, os deputados que perdem no distrito mas são eleitos pela lista são vistos como deputados com menor prestígio (Renwick, 2011a:106-107).

A principal crítica sofrida pelos sistemas mistos, particularmente o de correção, diz respeito à sua complexidade. Como vimos, uma série de componentes (a conexão da parte majoritária com a proporcional, o mecanismo que deve operar na eventualidade de cadeiras adicionais, os dois votos) tornam o sistema de difícil compreensão para os não iniciados. Na avaliação de Louis Massicotte, um estudioso dos sistemas mistos,

> os sistemas de maioria simples podem ser explicados e entendidos em 10 segundos, e os sistemas de maioria absoluta em menos de um minuto, ao passo que os sistemas de representação proporcional (especialmente os que utilizam os distritos complementares e a transferência de votos) necessitam mais tempo; mas a maioria dos especialistas sabe que os mecanismos dos sistemas mistos dificultam a sua tarefa de ensinar, bem como a de os alunos aprender. Se a excessiva complexidade dos arranjos eleitorais é um vício, sistemas mistos são realmente imperfeitos.[24]

---

[24] Ver Massicotte (2000:170).

Sistemas eleitorais e seus efeitos

Debates sobre sistemas eleitorais são frequentemente apresentados em termos absolutos, seja na dimensão científica ou moral; diferenças técnicas aparentemente pequenas podem ser descritas como grandes questões de princípio, com consequências políticas de grande magnitude. De fato, as diferenças entre os sistemas eleitorais são de grau, não de tipo.

Rose (1984:73)

Os estudiosos e praticantes da política sabem que os sistemas eleitorais são importantes, produzem efeitos sobre o comportamento dos eleitores e ajudam a configurar outras dimensões do sistema político de um país. Ao longo dos capítulos anteriores, vimos como vários aspectos dos sistemas eleitorais podem fazer diferença na representação política. Uma cláusula de barreira nacional pode ter um efeito devastador sobre os pequenos partidos (Turquia). Um país com representação proporcional pode fazer uso de distritos eleitorais de baixa magnitude e também ter baixa fragmentação partidária (Espanha). A existência de partidos regionais (ou de partidos nacionais com votação concentrada) pode gerar alta fragmentação partidária, mesmo em países que usam distritos eleitorais majoritários (Índia).

Não é tarefa simples dimensionar a magnitude desses efeitos, sobretudo quando diversos sistemas eleitorais são comparados. Este capítulo tem como objetivo apresentar um quadro geral dos resultados dos sistemas eleitorais em três aspectos. O primeiro deles é o número de partidos representados no Legislativo. Será que a existência de maior ou menor fragmentação partidária está associada aos sistemas eleitorais empregados? O segundo é a acurácia (proporcionalidade) na relação entre votos e cadeiras obtidas pelos partidos em uma eleição. Será que a promessa dos "proporcionalistas" tem algum fundamento empírico? O terceiro é a representação das mulheres nos legislativos nacionais. Os sistemas eleitorais são fatores importantes para garantir uma maior representação feminina no Legislativo?[25]

Esses temas não esgotam a lista de possíveis efeitos dos sistemas eleitorais sobre outras esferas do sistema político. Os sistemas eleitorais afetam a atividade dos partidos, estimulam certos padrões de conexão entre representados e representantes, influenciam a formação de governo em países parlamentaristas e a construção de bases de apoio parlamentar nos regimes presidencialistas. Mas, diferentemente dos três tópicos de que trataremos a seguir, sobre este último aspecto não temos dados tão consolidados para cobrir o número de países selecionados.

O número de partidos

O número de partidos em uma democracia é fruto de uma série de fatores: existência de divisões sociais que são "mobilizadas" pelos partidos políticos, grau de institucionalização do sistema partidário, geografia do voto, legislação partidária mais ou menos restritiva, efeitos de regras institucionais – federalismo, presidencialismo, ciclos eleitorais. Mas há consenso entre

---

[25] Esse exercício é puramente descritivo e tem como intento mostrar ao leitor um quadro geral dos efeitos dos sistemas eleitorais. Para chegar a resultados mais consistentes precisaria aumentar o número de casos (todas as eleições democráticas), controlar as mudanças eleitorais de cada país e levar em conta outras variáveis do sistema eleitoral (magnitude e diferentes fórmulas eleitorais, por exemplo) e da estrutura social (fragmentação étnica e religiosa, por exemplo). Este trabalho exigiria ainda a utilização de estatísticas multivariadas, tarefa muito além do propósito deste trabalho. Para estudos comparativos mais amplos, ver Lijphart (1994) e Norris (2004).

os estudiosos de que o sistema eleitoral adotado nas eleições para o Legislativo tem um efeito significativo na configuração partidária, particularmente com relação ao número de partidos (Lijphart, 1994; Norris, 2004; Taagepera e Shugart, 1989).

O cientista político italiano Giovanni Sartori propôs uma distinção simples para dimensionar os efeitos do sistema eleitoral sobre o sistema partidário. Os sistemas eleitorais poderiam ser distinguidos por produzirem efeitos fortes (*strong*) ou fracos (*feeble*). Os sistemas fortes são aqueles que estabelecem restrições, coerções e manipulações sobre os partidos. Os sistemas fracos são mais liberais e menos restritivos. Um bom exemplo de efeito forte pode ser encontrado no sistema de maioria simples, em que apenas um partido pode obter a cadeira em disputa no distrito e outros ficam de fora. Um sistema que adota a representação proporcional em distritos de grande magnitude, onde os pequenos partidos têm chance de obter representação, é um exemplo de efeito fraco (Sartori, 1994:42-45).

Se lançarmos mão da distinção de Sartori, poderemos dizer que em países que adotam sistemas eleitorais fortes o número de partidos tende a ser menor do que nos que adotam sistemas eleitorais fracos. Essa associação vem sendo explorada pela ciência política desde a década de 1950, quando Duverger (1987) associou o padrão de fragmentação partidária de um país ao sistema eleitoral utilizado: a representação proporcional estaria associada ao multipartidarismo; o sistema de dois turnos, a um sistema de muitos partidos, com tendência a fazerem alianças entre si; e o sistema de maioria simples estaria associado ao bipartidarismo.

A partir dos anos 1980, a ciência política passou a empregar um índice, o *número efetivo de partidos* (NEP), para dimensionar o número de partidos e o padrão da competição nas eleições. O NEP foi proposto pelos cientistas políticos Laakso e Taagepera (1979) e tem a virtude de levar em conta, em seu cálculo, tanto o número de partidos quanto a força relativa destes (em votos ou representação parlamentar).[26] Quanto mais alto o *número efetivo de partidos*, maior a dispersão partidária em uma eleição (ou no Legislativo). Aqui nos interessa saber qual a relação entre os sistemas eleitorais e a representação dos partidos no Legislativo. Será que sistemas majoritários realmente tendem a ter menos partidos representados?

O gráfico 2 apresenta o NEP da Câmara dos Deputados de cada um dos países selecionados.[27] O índice foi calculado com base nos dados das últimas eleições para a Câmara dos Deputados realizadas até 2010. Os valores variam entre 1,5 (Belize) e 10,4 (Brasil), com média de 3,7. Para facilitar a observação, os dados estão agregados segundo as três grandes famílias de sistemas eleitorais: majoritários, proporcionais e mistos. Os países que adotavam sistemas proporcionais têm, na média, câmaras de deputados mais fragmentadas (4,2) do que os países que fazem uso dos sistemas majoritários (2,7) e mistos (2,6), mas a variação entre os países é expressiva. A Índia, por exemplo, é um país majoritário com alta fragmentação (N = 5,0) e a Espanha é um caso de país que utiliza representação proporcional e tem uma baixa fragmentação parlamentar (2,4).

---

[26] O NEP é identificado pela letra *n*, em maiúscula, e tem a seguinte expressão matemática: $N = \dfrac{1}{\sum\limits_{i=1}^{x} pv_i^2}$

onde *pv* é o percentual de votos (ou cadeiras) obtida por um partido. O NEP é calculado da seguinte maneira: tome a porcentagem de votos (ou cadeiras) de cada partido e eleve ao quadrado; some os valores de todos os partidos (soma dos quadrados); divida 1 pela soma dos quadrados. O NEP revela o número de partidos em uma situação hipotética em que todas as legendas receberiam a mesma votação. Se cinco partidos, por exemplo, obtivessem porcentagem idêntica de votos (0,20; 0,20; 0,20; 0,20; 0,20), *N* seria igual a 5.

[27] Não foi possível obter dados completos e (ou) confiáveis das últimas eleições realizadas em Benin, Bangladesh, Gana e Ilhas Maurício, bem como para a representação das mulheres em Taiwan. Por isso, eles foram excluídos da análise.

Gráfico 2. Nº efetivo de partidos. Distribuição de cadeiras da Câmara dos Deputados nas últimas eleições da década de 2000. Países escolhidos

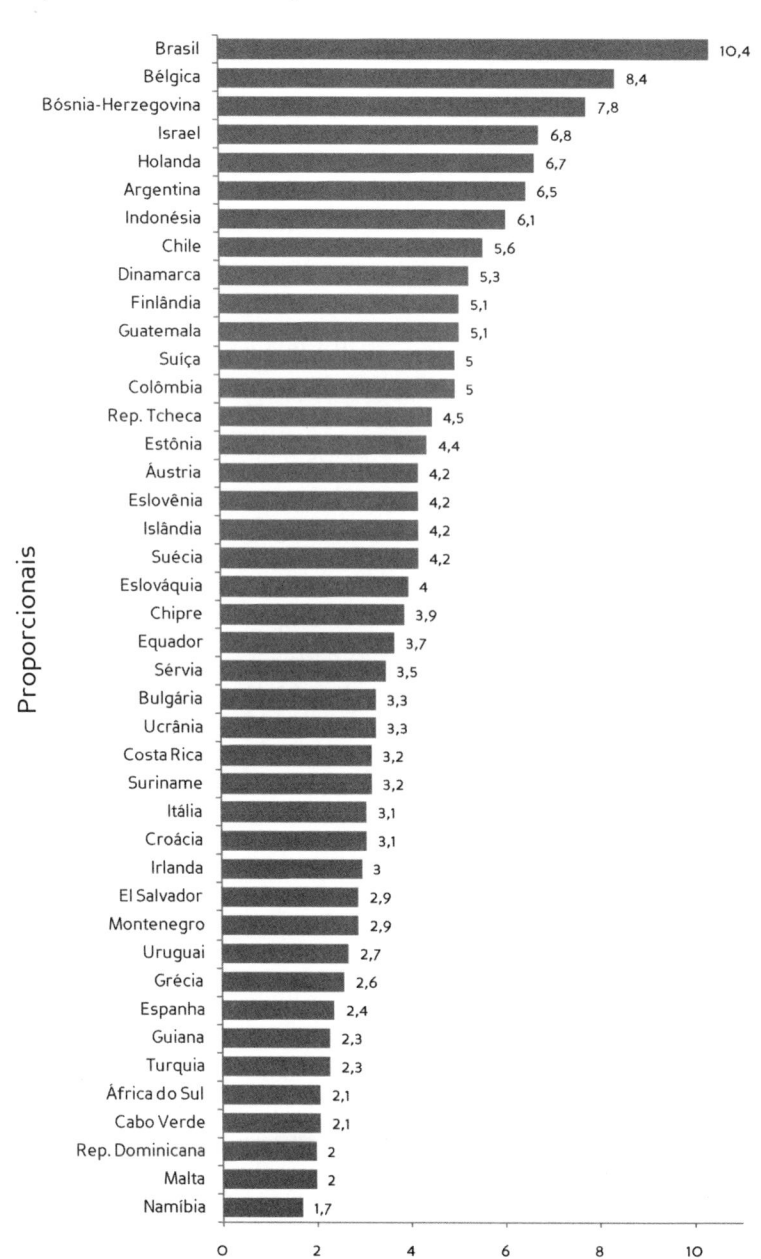

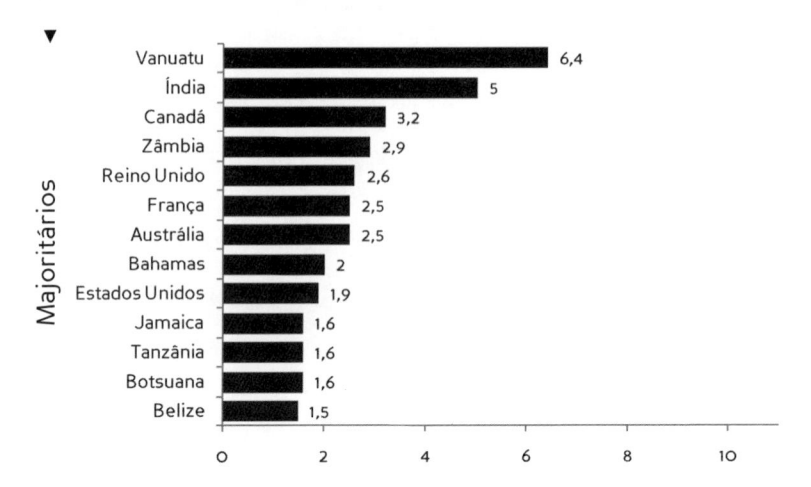

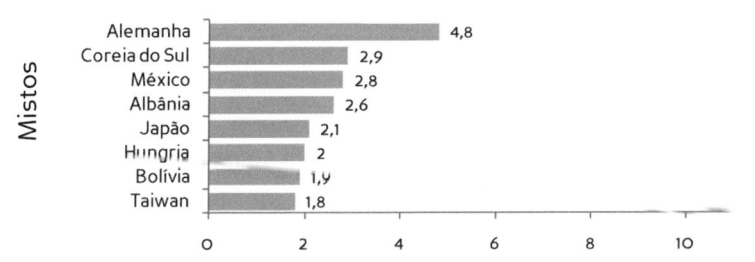

Fonte: Dados calculados pelo autor a partir de dados brutos coletados em sites oficiais dos países e nos seguintes sites: <http://psephos.adam-carr.net/>; <www.ipu.org/wmn-e/world.htm>; <http://www.idea.int/index.cfm>.

Embora tenhamos de ser cuidadosos com qualquer generalização a partir de evidências de uma única eleição, os dados do gráfico 2 são convergentes com a ideia de que o número de partidos em uma democracia está associado a um conjunto de fatores, e o sistema eleitoral, ainda que importante, é apenas um entre eles. Por isso, a melhor maneira de estabelecer a associação entre sistema eleitoral e número de partidos é apresentá-la de maneira probabilística, e não determinística. Por exemplo: há uma alta probabilidade de que países que usam sistemas majoritários em distritos uninominais tenham sistemas partidários com baixa fragmentação.

A desproporcionalidade

A capacidade de assegurar uma acurácia entre os votos dos eleitores e a representação parlamentar é um dos temas centrais do debate sobre efeitos dos sistemas eleitorais (Blau, 2004; Lijphart, 1994). Para os defensores dos sistemas proporcionais de lista, a garantia de que os partidos obterão no Legislativo uma proporção de cadeiras mais ou menos similar à proporção de votos é uma das principais virtudes desse sistema. Contrariamente, os sistemas majoritários são criticados em razão das distorções que eles promovem, particularmente, a sub-representação dos menores partidos.

Nos capítulos anteriores, vimos como uma série de fatores pode afetar a proporcionalidade na relação entre votos e cadeiras dos partidos. Entre eles, destacam-se o número de cadeiras em disputa (a desproporcionalidade diminui à medida que aumenta o número de cadeiras em disputa), a fórmula eleitoral e a adoção de cláusula de exclusão.

Os estudiosos de sistemas eleitorais desenvolveram algumas medidas para avaliar a proporcionalidade (ou desproporcionalidade) produzida em uma eleição. A mais empregada delas foi proposta pelo cientista político irlandês Michael Gallagher (1991).[28] O *índice de Gallagher* dimensiona o grau da distorção quando se comparam a votação e a representação de todos os partidos que concorrem em uma eleição. Quanto mais próximo de zero, mais proporcional é o sistema.[29]

---

[28] Na edição anterior, usei outro índice para mensurar a desproporcionalidade: o *índice D*, mas me convenci de que a medida proposta por Gallagher é superior, pois, ao elevar as diferenças ao quadrado, dá peso maior às distorções dos grandes partidos. A mesma lógica orienta a fórmula do NEP.

[29] Índice de Gallagher (também conhecido como índice dos mínimos quadrados (*least square index*) tem esta expressão matemática:

$$LSq = \sqrt{\frac{1}{2}\sum_{i=1}^{n}(Vi - Ci)^2}$$

onde *Vi* é o percentual de votos e *Ci* é o percentual de cadeiras de cada partido. O índice é calculado da seguinte maneira: para cada partido, tome a diferença entre o percentual de votos e o percentual de cadeiras obtidos; eleve esses valores ao quadrado; some o resultado dos quadrados; divida por dois; extraia a raiz quadrada do valor obtido.

O gráfico 3 apresenta o *índice de Gallagher* de cada um dos países selecionados. O índice foi calculado tomando a última eleição realizada para a Câmara dos Deputados até 2010. As eleições que produziram os resultados mais desproporcionais foram as de Belize (22,7) e as com resultados mais proporcionais foram as da África do Sul (0,3). A observação dos países no interior de cada família de sistemas eleitorais mostra que, na média, os sistemas proporcionais cumprem a promessa de gerar eleições com resultados menos desproporcionais (média de 4,4), comparativamente à média dos sistemas majoritários (11,8) e dos mistos (10,1).

Gráfico 3. Índice de desproporcionalidade de Gallagher nas últimas eleições da década de 2000. Países escolhidos

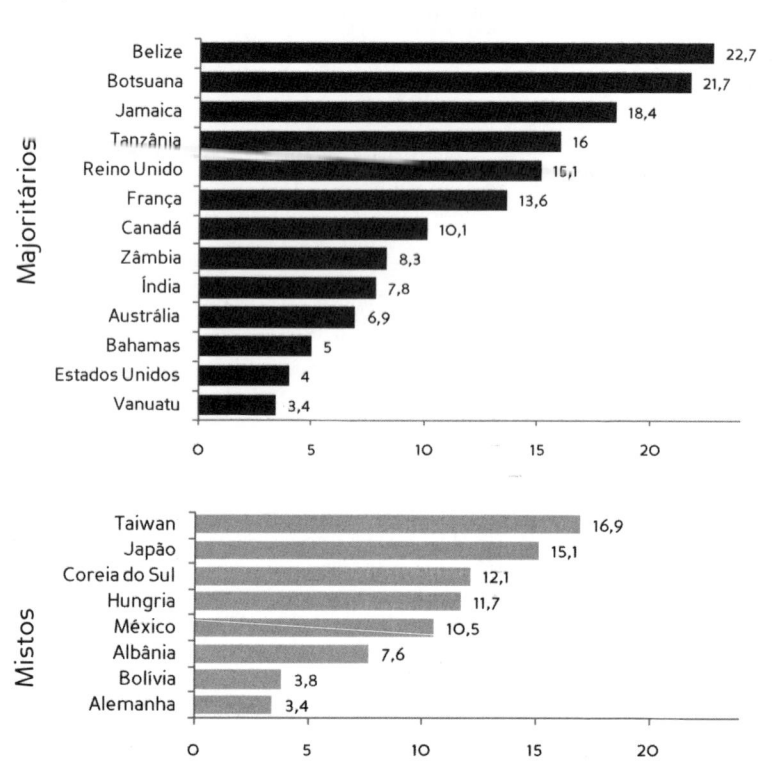

▼

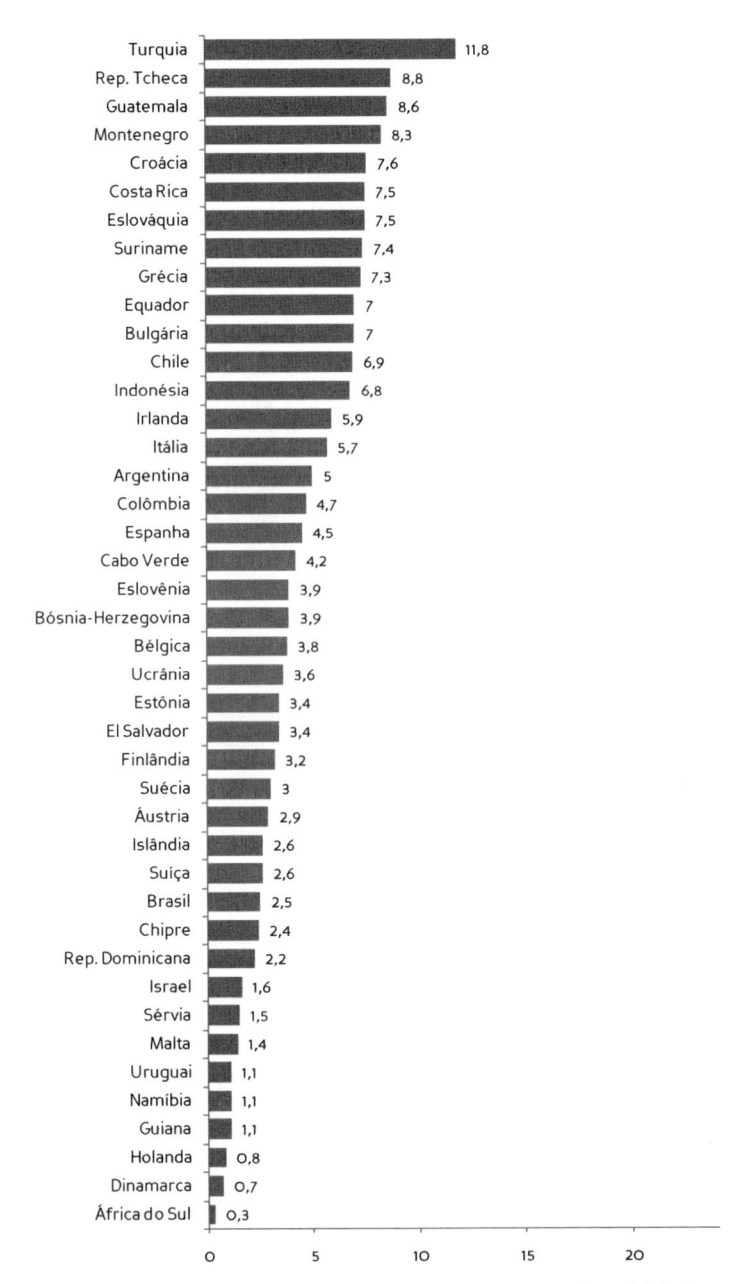

Proporcionais

País	Valor
Turquia	11,8
Rep. Tcheca	8,8
Guatemala	8,6
Montenegro	8,3
Croácia	7,6
Costa Rica	7,5
Eslováquia	7,5
Suriname	7,4
Grécia	7,3
Equador	7
Bulgária	7
Chile	6,9
Indonésia	6,8
Irlanda	5,9
Itália	5,7
Argentina	5
Colômbia	4,7
Espanha	4,5
Cabo Verde	4,2
Eslovênia	3,9
Bósnia-Herzegovina	3,9
Bélgica	3,8
Ucrânia	3,6
Estônia	3,4
El Salvador	3,4
Finlândia	3,2
Suécia	3
Áustria	2,9
Islândia	2,6
Suíça	2,6
Brasil	2,5
Chipre	2,4
Rep. Dominicana	2,2
Israel	1,6
Sérvia	1,5
Malta	1,4
Uruguai	1,1
Namíbia	1,1
Guiana	1,1
Holanda	0,8
Dinamarca	0,7
África do Sul	0,3

Fonte: Dados calculados pelo autor a partir de dados brutos coletados em sites oficiais dos países e nos seguintes sites: <http://psephos.adam-carr.net/>; <www.ipu.org/wmn-e/world.htm>; <http://www.idea.int/index.cfm>.

Apesar dessa tendência geral, existe uma variação significativa entre os países de cada família. Por exemplo, a Turquia tem uma alta desproporcionalidade (11,8) gerada, sobretudo, pela adoção de uma cláusula de barreira de 10%. No lado majoritário, os Estados Unidos têm uma desproporcionalidade baixa (4,0), inferior à média dos países proporcionais.

A representação de mulheres

Os sistemas eleitorais estão associados a determinadas concepções de representação política. A representação proporcional, por exemplo, toma os partidos como unidade fundamental da distribuição de cadeiras e procura garantir uma distribuição equânime entre a votação e a bancada dos partidos no Legislativo. Para os defensores da representação majoritária, sobretudo em distritos uninominais, um dos aspectos mais salientados é a dimensão territorial da representação, ou seja, o bom representante é aquele que tem vínculos formais com determinada região.

Outra dimensão, particularmente enfatizada nas últimas três décadas, é a capacidade de os sistemas eleitorais favorecerem a representação microscópica de determinados aspectos sociodemográficos do eleitorado: gênero, etnia, religião (Gallagher, 2005). Quanto mais a composição social do Legislativo espelhar a composição social da população, melhor. Tal concepção tem orientado muitos estudos sobre a relação entre sistemas eleitorais e representação feminina, bem como uma linha de pesquisas sobre qual sistema eleitoral é mais adequado para sociedades com fortes clivagens étnicas e religiosas (Norris, 2004; Reynolds, 2010; Sawer, 2010; Schmidt, 2009).

O número de mulheres no Legislativo é derivado de uma série de fatores: tradição cultural e religiosa, adoção de cotas para a candidatura de mulheres, existência de mecanismos não eleitorais de representação feminina. Mas um fator sempre destacado nos estudos sobre o tema é o sistema eleitoral. Para muitas pesquisas, a representação proporcional seria mais favorável à representação das mulheres (Matland, 2005; Sawer, 2010). Uma das razões é que a eleição em distritos plurinominais (sobretudo quando se faz uso da lista fechada) permite a introdução de cotas que favorecem a apresentação de um número mínimo de mulheres na lista, ou alternância de gênero quando a lista de candidatos é organizada.

O gráfico 4 apresenta o percentual total de mulheres representadas na Câmara dos Deputados de cada um dos países selecionados. A Câmara dos Deputados com maior percentual de mulheres representadas é a da Suécia (47%) e a com o menor é a de Belize (3,3%). A média de mulheres nos legislativos de países que adotam a representação proporcional é de 21,8%, valor superior à média dos sistemas majoritários (15,2%) e dos sistemas mistos (12,9%). Mas a variação dentro de cada família de sistemas eleitorais é intensa: por exemplo, a Indonésia, que utiliza a representação proporcional, tem apenas 4,1% de mulheres na Câmara dos Deputados; por outro lado, a Tanzânia, que usa a representação majoritária em distrito uninominal, tem 30,4% de mulheres no Legislativo.

A análise dos efeitos dos sistemas eleitorais feita neste capítulo mostra as dificuldades de estabelecer relações causais deterministas entre sistemas eleitorais e outros aspectos do sistema político. Mais preciso é pensar os efeitos dos sistemas eleitorais em termos probabilísticos, ou como efeitos médios. Assim, poderíamos resumir os achados dos gráficos 2, 3 e 4 da seguinte maneira: na média, os sistemas proporcionais têm menos desproporcionalidade, mais mulheres representadas e maior dispersão partidária no Legislativo. Ou, dito de outra forma: há mais probabilidade de encontrarmos menos mulheres no Legislativo e menor dispersão partidária no Legislativo nos sistemas majoritários do que nos proporcionais.

Gráfico 4. Percentual de mulheres na Câmara dos Deputados.
Últimas eleições da década de 2000. Países escolhidos

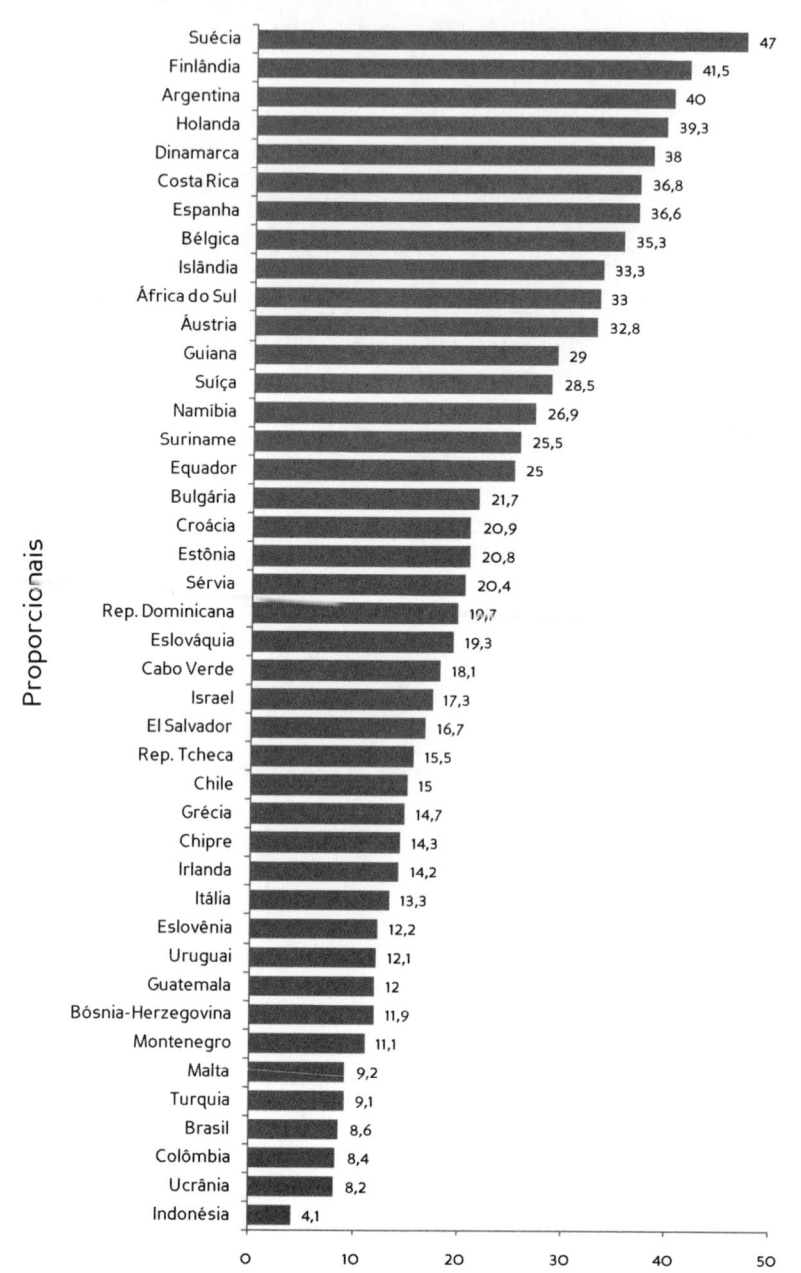

▼

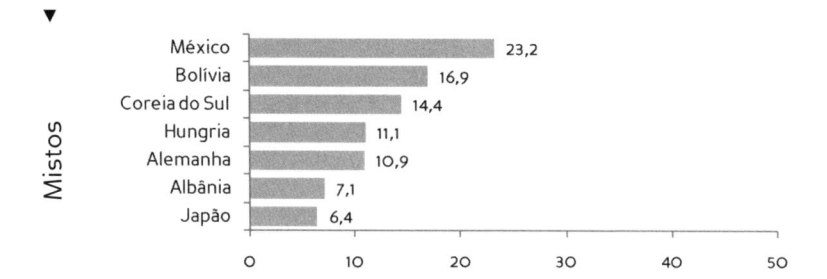

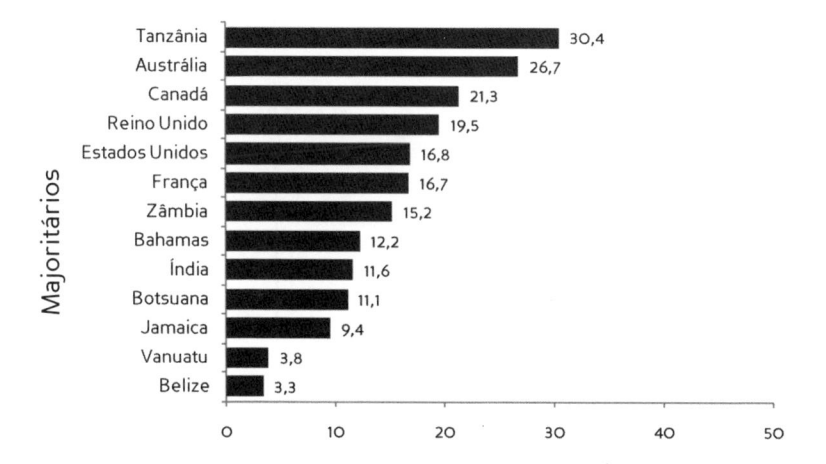

Fonte: Dados calculados pelo autor a partir de dados brutos coletados em sites oficiais dos países e nos seguintes sites: <http://psephos.adam-carr.net/>; <www.ipu.org/wmn-e/world.htm>; <http://www.idea.int/index.cfm>.

Referências

ANDEWEG, Rudy B. The Netherlands: the sanctity of proportionality. In: GALLAGHER, Michael; MITCHELL, Paul (Eds.). *The politics of electoral systems*. Oxford: Oxford University Press, 2005. p. 491-510.

BACIK, Gokhan. The parliamentary election in Turkey, July, 2007. *Electoral Studies*, v. 27, n. 2, p. 377-381, 2008.

BALINSKI, Michel L.;YOUNG, H. Peyton. *Fair representation*: meeting the ideal of one man, one vote. 2. ed. Washington, DC: Brookings Institution Press, 2001.

BLAIS, André; DOBRZYNSKA, Agnieszka; INDRIDASON, Indridi H. To adopt or not to adopt proportional representation: the politics of institutional choice. *British Journal of Political Science*, v. 35, n. 1, p. 182-190, 2005.

_____; MASSICOTTE, Louis. Electoral formulas: a macroscopic perspective. *European Journal of Political Research*, v. 32, n. 1, p. 107-129, 1997.

_____; _____. Electoral systems. In: LEDUC, Lawrence et al. (Eds.). *Comparing democracies 2*. London: Sage, 2002.

BLAU, Adrian. Fairness and electoral reform. *The British Journal of Politics and International Relations*, v. 6, n. 2, p. 165-181, 2004.

BOIX, Carles. Electoral markets, party strategies, and proportional representation. *American Political Science Review*, v. 104, n. 2, p. 404-413, 2010.

CARSTAIRS, Andrew Mclaren. *A short history of electoral systems in Western Europe*. London: Allen and Unwin, 1980.

COLOMER, Josep M. (Ed.). *Handbook of electoral system choice*. London: Palgrave Macmillan, 2004.

_____. On the origins of electoral systems and political parties: the role of elections in multi-member districts. *Electoral Studies*, v. 26, n. 2, p. 262-273, 2007.

D'HONDT, Victor. *Système pratique et raisonné de représentation proportionelle*. Bruxelles: Muquardt, 1882.

DUVERGER, Maurice. Which is the best electoral system? In: LIJPHART, Arend; GROFMAN, Bernard (Eds.). *Choosing an electoral system*: issues and alternatives. New York: Praeger, 1984.

_____. *Os partidos políticos*. Rio de Janeiro: Guanabara, 1987.

ELKLIT, Jorgen. Denmark: simplicity embedded in complexity (or is it the other way round?). In: GALLAGHER, Michael; MITCHELL, Paul (Eds.). *The politics of electoral systems*. Oxford: Oxford University Press, 2005. p. 453-471.

FARRELL, David M. *Electoral systems*: a comparative introduction. New York: Palgrave, 2001.

GALLAGHER, Michael. Proportionality, disproportionality and electoral systems. *Electoral Studies*, v. 10, n. 1, p. 33-51, 1991.

_____. Conclusion. In:_____; MITCHELL, Paul (Eds.). *The politics of electoral systems*. Oxford: Oxford University Press, 2005.

_____, MITCHELL, Paul. Introduction to electoral systems. In: _____; _____ (Eds.). *The politics of electoral systems*. Oxford: Oxford University Press, 2005a. p. 3-23.

_____; _____ (Eds.). *The politics of electoral systems*. Oxford: Oxford University Press, 2005b.

GOUWS, Amanda; MITCHELL, Paul. South Africa: one party dominance despite perfect proportionality. In: GALLAGHER, Michael; MITCHELL, Paul (Eds.). *The politics of electoral systems*. Oxford: Oxford University Press, 2005. p. 353-373.

HARE, Thomas *The election of representatives, parliamentary and municipal*. London: Longman, 1859.

KAASE, Max. Personalized proportional representation: the 'model' of West German electoral system. In: LIJPHART, Arend; GROFMAN, Bernard. *Choosing an electoral system*: issues and alternatives. New York: Praeger, 1984. p. 155-164.

LAAKSO, Markus; TAAGEPERA, Rein. 'Efective' number of parties: a measure with application to West Europe. *Comparative Political Studies*, v. 12, n. 1, p. 3-27, 1979.

LEDUC, Lawrence; NIEMI, Richard G.; NORRIS, Pippa (Eds.). *Comparing democracies 3*. London: Sage, 2010.

LIJPHART, Arend. *Electoral systems and party systems*: a study of twenty-seven democracies, 1945-1990. Oxford: Oxford University Press, 1994.

MARSH, Michael. The voters decide? Preferential voting in European list systems. *European Journal of Political Research*, v. 13, n. 4, p. 365-378, 1985.

MASSICOTTE, Louis; BLAIS, André. Mixed electoral systems: a conceptual and empirical survey. *Electoral Studies*, n. 18, p. 341-366, 1999.

MATLAND, Richard E. Enhancing women's political participation: legislative recruiment and electoral systems. In: BALLINGTON, Julie; KARAMEDS, Azza. *Women in Parliament*: beyond numbers. Stockholm: International Idea, 2005.

MILL, John Stuart. *O governo representativo*. São Paulo: Ibrasa, 1983.

MULLER, Wolfgang C. Austria: a complex electoral system with subtle effects. In: GALLAGHER, Michael; MITCHELL, Paul (Eds.). *The politics of electoral systems*. Oxford: Oxford University Press, 2005.

NICOLAU, Jairo. O sistema eleitoral de lista aberta no Brasil. *Dados*, v. 49, n. 4, p. 689-720, 2006.

NORRIS, Pippa. *Electoral engineering*: voting rules and political behavior. Cambridge: Cambridge University Press, 2004.

POWELL, G. Bingham Jr. *Elections as instruments of democracy*: majoritarian and proportional visions. New Haven: Yale University Press, 2000.

_____. The chain of responsiveness. *Journal of Democracy*, v. 15, n. 4, p. 91-105, 2004.

PUDDINGTON, Arch. *Freedom in the world 2011*: the authoritarian challenge to democracy. Washington, DC: Freedom House, 2011. Disponível em: <www.freedomhouse.org/images/file/fiw/fiw_2011_booklet.pdf>. Acesso em: 25 out. 2011.

RAE, Douglas. *The political consequences of electoral laws*. New Haven: Yale University Press, 1967.

RAUNIO, Tapio. Finland: one hundred years of quietude. In: GALLA-GHER, Michael; MITCHELL, Paul (Eds.). *The politics of electoral systems*. Oxford: Oxford University Press, 2005. p. 473-489.

REED, Steven R. Japan: haltingly toward a two-party system. In: GAL-LAGHER, Michael; MITCHELL, Paul (Eds.). *The politics of electoral systems*. Oxford: Oxford University Press, 2005. p. 277-293.

RENWICK, Alan. *Electoral reform*: a citizen's guide. London: Biteback, 2011a.

_____. *The politics of electoral reform*: changing the rules of democracy. Cambridge: Cambridge University Press, 2011b.

REYNOLDS, Andrew. *Designing democracy in a dangerous world*. Oxford: Oxford University Press, 2010.

_____; REILLY, Ben; ELLIS, Andrew. *Electoral system design*: the new international idea handbook. Stockholm: International Institute For Democracy and Electoral Assistance, 2005.

ROSE, Richard. Electoral systems: a question of degree or of principle? In: LIJPHART, Arend; GROFMAN, Bernard (Eds.). *Choosing an electoral system*: issues and alternatives. New York: Praeger, 1984.

SAALFELD, Thomas. Germany: stability and strategy in mixed-member proportional system. In: GALLAGHER, Michael; MITCHELL, Paul (Eds.). *The politics of electoral systems*. Oxford: Oxford University Press, 2005. p. 209-229.

SAKAMOTO, T. Explaining electoral reform: Japan *versus* Italy and New Zealand. *Party Politics*, v. 5, n. 4, p. 419-438, 1999.

SAMUELS, David. Determinantes do voto partidário em sistemas eleitorais centrados no candidato: evidências sobre o Brasil. *Dados*, v. 40, n. 3, p. 493-535, 1997.

SARTORI, Giovanni. *Comparative constitutional engineering*: an inquiry into structures, incentives and outcomes. London: Macmillan, 1994.

SAWER, Marian. Women and elections. In: LEDUC, Lawrence; NIEMI, Richard G.; NORRIS, Pippa (Eds.). *Comparing democracies 3*. London: Sage, 2010. p. 202-221.

SCARROW, Susan. Germany: the mixed-member system as a political compromisse. In: SHUGART, Mattew S.; WATTEMBERG, Martin (Eds.). *Mixed-member electoral system*: the best of both worlds? Oxford: Oxford University Press, 2001.

SCHMIDT, Gregory D. The election of women in list PR systems: testing the conventional wisdom. *Electoral Studies*, v. 28, n. 2, p. 190-203, 2009.

SHUGART, Mattew S.; WATTEMBERG, Martin P. Conclusion. In: _____; _____ (Eds.). *Mixed-member electoral systems*: the best of both worlds? Oxford: Oxford University Press, 2001.

TAAGEPERA, Rein; SHUGART, Matthew S. *Seats and votes*: the effects and determinants of electoral systems. New Haven: Yale University Press, 1989.

Glossário

Cadeiras suplementares. Um número de cadeiras além do somatório das cadeiras dos distritos eleitorais, que serve para corrigir distorções na relação entre votos e cadeiras dos partidos. Empregado em sistemas proporcionais, é um modelo que pode operar em nível regional ou nacional.

Circunscrição eleitoral. Ver *distrito eleitoral.*

Cláusula de barreira (ou cláusula de exclusão). Patamar mínimo (definido quase sempre em termos percentuais) de votos que um partido precisa ultrapassar para participar da distribuição de cadeiras.

Coligação. Permissão concedida, em certos países que utilizam a representação proporcional de lista, para que dois ou mais partidos se unam e tenham seus votos agregados para fins de distribuição das cadeiras. Conhecida na literatura sobre sistemas eleitorais pelo nome francês *apparentment.*

Correção. Ver *sistema misto de correção.*

Cota Droop. Cota proposta pelo matemático inglês Richard Droop. É o resultado da divisão do total de votos contabilizados em uma eleição pelo número de cadeiras a serem preenchidas mais 1; ao resultado é acrescido o número 1.

Cota Hare. Cota proposta pelo jurista britânico Thomas Hare. É o resultado da divisão do total de votos contabilizados em uma eleição pelo número de cadeiras a serem preenchidas. Conhecida pelo nome de *quociente eleitoral* na legislação eleitoral brasileira.

D'Hondt. Ver *método D'Hondt.*

Desproporcionalidade. Assimetria entre o percentual de cadeiras e o percentual de votos dos partidos. Existem diversos índices para mensurar a desproporcionalidade de determinada eleição. Ver *índice de Gallagher*.

Distritão. Ver *sistema de voto único não transferível*.

Distrito eleitoral. Unidade (em geral definida em termos territoriais) na qual os votos são contados para fins de distribuição de cadeiras. Na legislação eleitoral brasileira recebe o nome de *circunscrição eleitoral*.

Distrito plurinominal. Distrito que elege mais de um representante.

Distrito uninominal. Distrito que elege um único representante.

Dois turnos. Sistema majoritário usado em distritos uninominais. Caso um candidato obtenha determinado patamar de votos (em geral, mais de 50%), ele é eleito. Caso não, é realizada uma nova eleição com os dois (ou eventualmente mais de dois) mais votados no primeiro turno.

Fórmula de divisores. Ver *fórmula de maiores médias*.

Fórmula de maiores médias. Empregada em sistemas proporcionais. A votação dos partidos é dividida por uma série numérica. Ver *método D'Hondt* e *método Sainte-Laguë*.

Fórmula de maiores sobras. Empregada em sistemas proporcionais. Estabelece uma cota mínima de votos para um partido obter representação. A seguir, a votação de cada partido é dividida pela cota, indicando quantas cadeiras ele obterá. Após a divisão, as cadeiras não ocupadas vão para os partidos que tiveram os maiores contingentes de votos (sobras). Ver *cota Hare* e *cota Droop*.

Gerrymandering. Prática de delinear as fronteiras dos distritos eleitorais de modo a favorecer determinado partido. Mais frequente em países que adotam o sistema de maioria simples em distritos uninominais, particularmente os Estados Unidos.

Índice de Gallagher. Usado para dimensionar o grau de desproporcionalidade agregada produzida em uma eleição. Foi proposto pelo cientista político Michael Gallagher.

Lista aberta. Variante de representação proporcional de lista na qual a ordem dos candidatos é estabelecida pelos eleitores. Os eleitores votam em nomes, e os mais votados de cada partido ocupam as cadeiras obtidas por este.

Lista fechada. Variante de representação proporcional de lista na qual a ordem dos candidatos é estabelecida pelos partidos antes das eleições. O eleitor vota apenas em um dos partidos, mas não em candidatos.

Lista flexível. Variante de representação proporcional de lista na qual os partidos apresentam uma lista de candidatos previamente ordenada, mas os eleitores podem manifestar a preferência por um (ou eventualmente mais de um) nome da lista. Existem regras que estabelecem um mínimo de votos que um candidato deve obter para que possa ser eleito "fora da ordem" definida pelo partido.

Magnitude do distrito eleitoral. Número de cadeiras a serem ocupadas em determinado distrito eleitoral.

Maioria simples em distrito uninominal (*single-member district*). Conhecida, no Brasil, como voto distrital. Cada partido apresenta um candidato. O que recebe mais votos no distrito é eleito.

Método D'Hondt. Fórmula para alocar as cadeiras entre os partidos no sistema de representação proporcional de lista. A votação de cada partido é dividida pela série de números: 1, 2, 3, 4, 5, 6, 7... Foi inventado pelo jurista belga Victor D'Hondt.

Método Sainte-Laguë. Fórmula para alocar as cadeiras entre os partidos no sistema de representação proporcional de lista. A votação de cada partido é dividida pela série de números ímpares: 1, 3, 5, 7, 9... Foi inventado pelo matemático francês André Sainte-Laguë.

Número efetivo de partidos (NEP). Índice que dimensiona a fragmentação partidária nas eleições ou no Legislativo. A fórmula foi criada pelos cientistas políticos Markus Laakso e Rein Taagepera.

Paralelo. Ver *sistema misto paralelo*.

Quociente eleitoral. Ver *cota Hare*.

Representação majoritária. O propósito da eleição é assegurar que o(s) mais votado(s) seja(m) eleito(s).

Representação proporcional. O propósito da eleição é garantir que as cadeiras sejam distribuídas em proporção aos votos recebidos pelos partidos (ou listas). Por definição, a representação proporcional só pode ser usada em distritos plurinominais, pois é impossível distribuir uma única cadeira para diversos partidos.

Representação proporcional de lista. Variante de representação proporcional que toma os partidos (ou eventualmente as coligações) como unidades fundamentais para a distribuição das cadeiras.

Sistema misto. Conhecido no Brasil como distrital misto. Sistema empregado na eleição para o Legislativo, no qual, simultaneamente, uma parte dos representantes é eleita segundo uma variante de sistema proporcional e outra parte por alguma variante de sistema majoritário. A combinação mais utilizada é a representação proporcional de lista fechada com maioria simples em distritos uninominais.

Sistema misto de correção. Variante de sistema misto em que a distribuição de cadeiras das partes proporcional e majoritária está associada. Conhecido, sobretudo na Alemanha, como representação proporcional personalizada.

Sistema misto paralelo. Variante de sistema misto em que a distribuição de cadeiras da parte proporcional é feita de maneira independente da parte majoritária.

Voto alternativo. Sistema de maioria simples usado em distritos uninominais. Em lugar de votar em um único nome, os eleitores hierarquizam os candidatos segundo sua ordem de preferência.

Voto distrital. Ver *maioria simples em distrito uninominal*.

Voto distrital misto. Ver *sistema misto*.

Voto em bloco. Sistema de maioria simples adotado em distritos plurinominais. Os eleitores podem votar em tantos nomes quantas forem as cadeiras em disputa. Os nomes mais votados são eleitos.

Voto em bloco partidário. Sistema de maioria simples utilizado em distritos plurinominais. O partido mais votado no distrito recebe todas as cadeiras disputadas. Adotado na eleição do colégio eleitoral dos Estados Unidos.

Voto preferencial. Nos sistemas proporcionais de lista, a opção que é dada ao eleitor de votar em determinados nomes. No sistema de lista aberta, o voto preferencial é necessário para estabelecer a ordem dos candidatos; no sistema de lista flexível é decisivo para que candidatos mudem suas posições na lista estabelecida pelo partido.

Voto único não transferível. Conhecido no Brasil como distritão. Sistema majoritário que faz uso de distritos plurinominais. Cada partido apresenta uma lista de candidatos e o eleitor vota em um único nome. Os mais votados do distrito eleitoral (independentemente do partido) ocupam as cadeiras em disputa.

Voto único transferível. Variante de representação proporcional. Os partidos apresentam uma lista de candidatos. Os eleitores ordenam seus candidatos (tantos quantas forem as cadeiras do distrito e independentemente do partido). A apuração é feita por intermédio de um complexo sistema de transferência de votos que leva em conta a ordem definida pelos eleitores.

Este livro foi impresso nas oficinas gráficas da Editora Vozes Ltda.,
Rua Frei Luís, 100 – Petrópolis, RJ.